한국 기독교 문화유산을 찾아서 ❹

충청도 선비들의 믿음 이야기

한국 기독교 문화유산을 찾아서 ❹

충청도 선비들의 믿음 이야기

이 덕 주

충청도 선비들의 아름다운 믿음 이야기의 부활과 증언을

사모하는 ________________ 에게

이 책을 드립니다.

머리말

충청도 선비들의 믿음 이야기

충청도는 내 고향이다. 사방이 산으로 둘러싸인 충북 충주에서 태어나 초등학교 시절, 넓은 세상이 보고 싶어 시외버스 터미널 배차 주임을 장래 직업난에 적어 넣었던 기억이 난다. 고등학교를 서울로 진학하면서 고향을 떠난 지 30년 만에 아내와 함께 찾았다. 어린 시절 그렇게나 멀게 느껴졌던 등굣길이 자동차로 5분 거리 안에 있었고 빠질까봐 무서워하며 헤엄치던 강은 발목도 안 차는 개울로 변해 있었다. 우리 동네 뒤편에 있던 들판은 충주에서 제일 넓은 농경지로 '연바다'라 불렸는데 빌딩 상가와 아파트촌으로 변해 있어 토끼풀을 뜯으러 나갔다가 팔베개를 베고 누워 뜬 구름을 보며 상념에 잠겼던 낭만적인 정취는 느낄 수 없었다. 변해도 너무 변해 있었다. 그래서 낯설었다.

낯설었던 고향 길

충주에 기독교 복음이 들어간 지 100년이 되었지만 지금 남아 있는 옛 유적은 없다. 하지만 인근 음성과 진천, 청주 등지에 아름다운 '토착 예배당' 건물들이 남아 있어 그곳을 답사하는 길에 시간 여유가 있을 때마다 충주에 들리곤 했는데 그런 식으로 자주 들리다보니 낯설었던 고향이 차츰 익숙해지면서 옛날 골목길과 건물들이 되살아났다. 지금은 사라졌지만 어려서 보았던 붉은 벽돌, 함석 예배당이 머릿속에 떠올랐으며 한 달에 한 번씩 교회에 와서 성경책을 교환해 주거나 팔던 권서(勸書, 매서인) 노인의 찬송가 가락도 생각났다. 그래서 지금은 빌딩과 아파트 건물 가운데서도 그 옛날 눈 내리는 성탄절 새벽에 종이로 만든 등을 들고 교인 집들을 찾아다니며 불렀던 캐럴을 들을 수 있는 정도까지 되었다.

이처럼 '낯선'(alien) 것이 '익숙한'(familiar) 것으로 바뀌면서 가면 갈수록 반가워지는 것이 유적 답사의 묘미다. 오랜만에 찾은 자기 고향도 낯설기만 한데 가본 적도 없는 남의 고향이야 더 말할 필요가 있겠는가? 이처럼 역사가 기록된 문서 자료만 하나 달랑 읽고 찾아가는 유적지는 언제나 낯설지만 그런 낯선 땅도 자주 찾다보면 익숙해진다. 특히 거기 살았던 사람들과 그들이 살았던 역사를 알고자 하는 마음, 사모하는 마음을 갖고 찾다보면 어느 순간에 과거의 인물이 오늘 나에게 속삭이는 음성을 들을 수 있다. 과거와 현재가 만나는 순간, 현재 속으로 과거가 침투해 들어오는 순간이다. 그런데 그렇게 되기까지는 시간이 필요하다. 그 만남의 순간이 이루어지기까지 기다려야 한다.

인내심을 갖고 기다려야 한다. 이 책에 수록된 내용이기도 하지만, 청주 출신 민족운동가 신석구 목사님의 전기를 쓸 때 경험한 것이다. 그분은 내가 목회를 하고 한국 교회사를 공부하면서 닮고 싶은 스승(mentor)으로 생각했던 분으로 한말과 일제시대, 그리고 해방 직후 민족의 시련과 혼돈의 역사 속에서 '올곧은' 삶의 본을 보이셨다. 늘 마음속으로 존경하며 기회가 주어지면 전기를 쓰고 싶었던 분이었는데 10년 전, 그분의 손자 되시는 신성균 장로님께서 나를 찾아와 할아버지 전기를 써달라고 부탁하셨다. 그 전에 그분에 대한 전기가 2, 3종 나온 것이 있었지만 신 장로님은 새로운 시각에서 한번 써 달라며 그동안 수집하신 할아버지와 관련된 자료들을 놓고 가셨다. 평소 쓰고 싶었던 글이고 또 그분이 순교(1950년 평양 형무소에서 공산군에 피살) 직전에 남기신 친필 자서전까지 있어 쉽게 쓸 수 있을 것으로 생각했다.

그런데 글이 되지 않았다. 쓰려고 해도 써지지 않았다. 그래서 글쓰기를 포기하고 자료를 읽기 시작했다. 친필 자서전을 복사해서 갖고 다니며 틈만 나면 읽었다. 그리고 그분의 고향인 청주와 그분이 목회하신 곳(서울, 춘천, 철원, 천안)들을 찾아 다녔다. 그리고 기다렸다. 그렇게 4년 세월을 보내고, 그분의 순교 50주년을 맞은 2000년 1월이 되어서야 그분은 비로소 내게 글쓰기를 허락하셨다. 그때부터 글이 되는데, 밤을 새도 피곤치 않았고 막힘 없이 술술 풀려 나갔다. 어디 숨어 있었던지 술래에게 들킨 아이들처럼 여기저기서 자료들이 나타나 "나를 써 달라."고 했다. 어떤 때는 그분의 말인지, 내 말인지 분간할 수 없는 글이 나왔다. 그 무렵 원고를 읽어본 친구가, "이게 네 말이냐? 신석구 말이냐?" 하고 물었던 적이 있는데 그때 내 대답은 "신석구가 내 안에, 내가 신석구 안에."였다. 그분은 내 손을 빌어 오늘을 사는 후손들에게 하고 싶은 말씀을 하셨고 나도 그분의 이름을 빌어 하고 싶은 말을 했는지도 모른다. 그런 식으로 그해 겨울, 원고지 2천 매를 한 달 보름 만에 써냈고 그렇게 해서 그 해 여름, 그분이 목회하시던 수표교교회에서 순교 50주년을 기념하는 예배 때 그분 전기(『신석구 연구』 기독교대한감리회 홍보출판국, 2000)를 출판할 수 있었다.

충청도 땅에서 찾아낸 '선비 신앙'

신석구 목사님 전기를 쓰면서 받은 은혜가 많지만 그중에도 기다릴 줄 아는 신앙의 지혜를 배웠다. 전형적인 충청도 양반, 선비 출신이신 그분은 '때를 분간하는' 지혜를 가르쳐 주셨다. 게을러서 때를 놓치거나 너무 서둘러 일을 망치는 어리석음을 피할 줄 아는 지혜였다. 내가 좋아하는 독일 속담, "여유를 갖고 서두르라."

(eile mit weile)는 말에 담긴 지혜였다. 그런데 그것은 그분이 개종한 후 목회를 하면서 고비 때마다 들려온 '하늘의 음성,' 그분께서 스승(mentor)으로 삼으셨던 주님과 하나 되는 신비의 영성(靈性)에서 솟아나는 지혜였다. 이런 식으로 신석구 목사님은 신학교 후배이자 목사 후배이며 고향 후배인 내게 지혜롭게 목회하고, 지혜롭게 가르치고, 지혜롭게 사는 법을 깨우쳐 주셨다.

신석구 목사님만 그런 것이 아니다. 이 책에 수록된 충청도 교회사 유적지에서 만난 선배들이 모두 그러했다. 청주와 진천, 음성과 천안, 공주에 남아 있는 초대 교회사 유적지에서 만난 것은 결단력 있는 여유, 침묵 속의 외침이 느껴지는 은근하면서도 저력이 있는 신앙 전통이었다. 나는 그것을 '선비 신앙' 이라 표현하였다. '충청도 양반' 이라는 말이 있는데 많은 사람들이 말과 행동이 느리고 속내를 잘 드러내지 않거나 비현실적인 의식과 행위를 뜻하는 부정적인 의미로 풀이한다. 이에 비하여 '충청도 선비' 는 추하고 살벌한 세속 정치 현장에 어느 한쪽에 휩쓸리거나 치우치지 않는 균형과 중용(中庸)의 미덕을 뜻하는 긍정적 의미를 지닌다. 내가 신석구 목사님을 비롯한 충청도 출신 목회자와 교인들에게서 읽은 것이 이런 선비 정신이 녹아들어 있는 '선비 신앙' 이다. 오늘 한국 사회와 교회가 풀어야 할 동서 지역갈등의 양대 축인 영남과 호남, 그 가운데 위치한 충청도에서 얻을 지혜는 양보와 희생을 바탕으로 조화와 공존을 추구하는 '선비 신앙' 이 아닐까?

또 다시 감사할 일

〈기독교사상〉에 충청도 지역 유적 답사기를 처음 연재한 때가 1997년이니 햇수로 10년이 지난 셈이다. 강산이 변한다는 세월을 지냈으니 그 사이 유적과 주변 환경이 변해도 크게 변했음은 물론이다. 그 사이 없어진 건물도 여럿이고, 기억을 더듬어 옛날 일을 증언해 주었던 원로 교인들도 상당수 세상을 떠났다. 글을 연재할 당시 모습을 고스란히 간직하고 있는 경우는 극히 드물었다. 그러다보니 원고가 '고물'(古物)이 되었다. 전면적으로 답사를 다시 해서 원고를 새로 쓸까 생각도 했지만 그 사이 바뀌고 사라진 유적에 대한 '증언' 자료로서 10년 전 원고를 그대로 읽는 것도 의미가 있겠다 싶어 약간의 보완과 수정만 가했다. 그리고 이번에도 연재 이후 변화된 유적지 상황을 〈뒷이야기〉를 통해 독자들에게 알려주기로 했다.

본래 이 책은 대한기독교서회에서 '한국기독교 문화유산을 찾아서' 시리즈, 『눈물의 섬 강화 이야기』(2002년)와 『개화와 선교 요람 정동 이야기』(2002년) 다음으로 낼 예정이었지만 출판사 사정으로 포기한 것을 도서출판 진흥에서 계승하여 작년 9월에 출판한 『종로 선교 이야기』 뒤를 이어 이번에 충청도 편을 내게 된 것이다. 제작비도 건지지 못하는 적자 출판임에도 불구하고 '국내성지 순례를 통한 문화 선교에 대한 사명감' 하나로 종로편에 이어 이번 책도 출판해 주신 진흥의 박경진 장로님께 그저 고개가 숙여질 뿐이다. 여기에 최석환 이사님과 장병주 차장님을 비롯한 출판부 실무진의 섬세한 손길이 있어 난삽한 원고가 아름다운 책으로 꾸며질 수 있었다. 종로편에 이어 이번에도 사진작가 임종선님은 유적지를 찾아다니며 필자가 보지 못한 부분까지 사진에 담아 독자들의 이해를 도왔다. 감사할 일이다. 이제 책으로 나왔으니 충청도 선비들의 아름다운 믿음 이야기의 부활과 증언을 사모하는 순례자들에게 제대로 길 안내나 하게 되기를 기대해 본다.

2006년 9월
서울 냉천골 감신대 만보재에서
이덕주

차 례

150
176
202
232
260

주막집에 걸린 '십자가'

– 청주 신대교회 –

1998년 〈기독교사상〉에 이 글을 쓰고 난 후 신대교회를 비롯하여 청주지역 교회사 유적지를 답사할 기회가 많았고 그 과정에서 청주지역 교회사 발굴과 정리 작업에 깊은 관심을 두고 있던 연구자들을 많이 만났다. 청주제일교회의 이쾌재 목사님을 비롯하여 그 교회 최동준 장로, 그리고 청북교회의 안재명 장로와 충북대학교 사학과 전순동 교수 등이 답사 때마다 많은 도움을 주었다. 그 중에도 이쾌재 목사님은 충북 지역 초기 선교 자료를 모아 『충북노회 사료집』(1999년)을 펴내 충북 지역 기독교사 연구의 기본 자료를 정리하였다. 이 분들이 중심이 되어 1999년 '충북 기독교사연구회' (회장: 최동준, 총무: 전순동)가 조직되어 충북 지역 교회사와 관련된 연구와 선교 유적지 답사, 자료집 발간 등 다양한 분야에서 활발하게 움직이고 있으며 2002년에는 충북기독교선교100주년기념사업회 이름으로 방대한 분량의 『충북기독교백년사』(전순동 집필)를 발간하였다. 충북(충주) 출신인 나로서는 더없이 반가운 일이다.

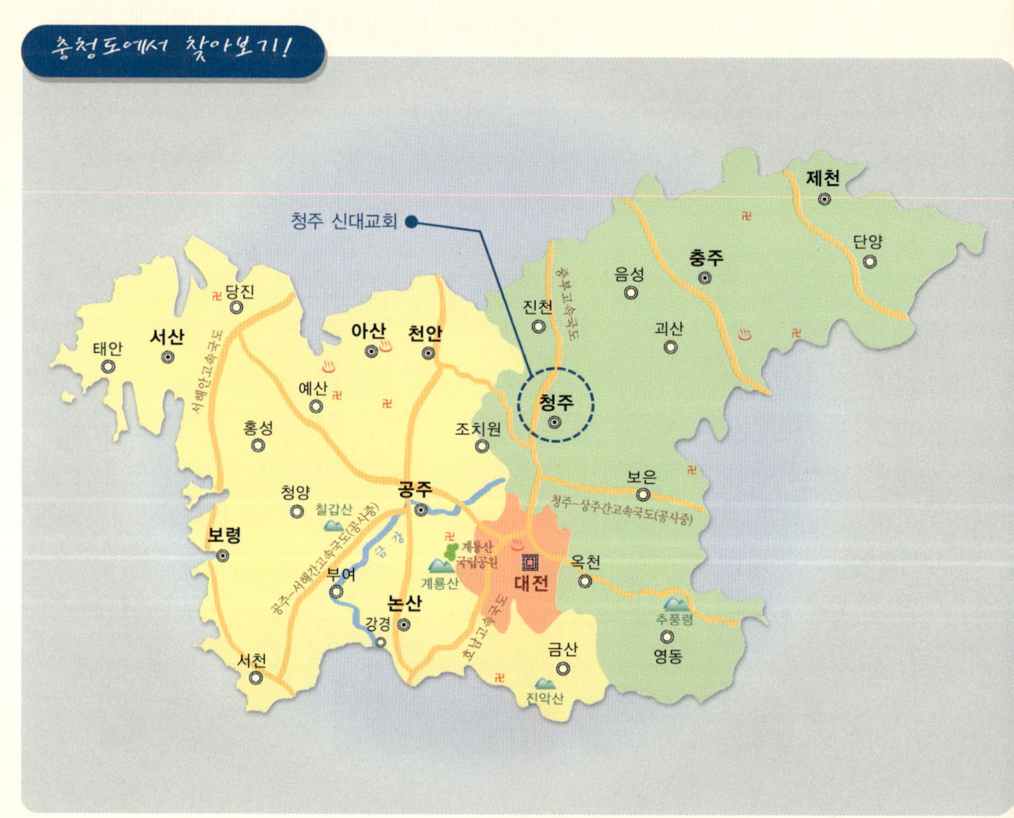

충청도에서 찾아보기!
청주 신대교회
제천
충주
단양
음성
진천
괴산
당진
서산
태안
아산
천안
예산
홍성
청주
조치원
보은
청양
공주
칠갑산
보령
계룡산 국립공원
계룡산
대전
옥천
부여
논산
강경
추풍령
영동
금산
서천
진악산
금강
중부고속국도
서해안고속국도
청주~상주간고속국도(공사중)
공주~서해간고속국도(공사중)
호남고속국도

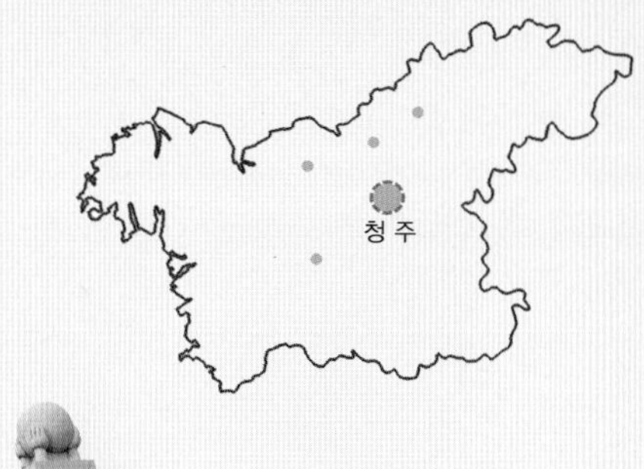

주막집에 걸린 '십자가'
– 청주 신대교회

옛날 서울에서 남도 땅으로 가려면 세 갈래 길로 충청도를 지나야 했다. 첫 번째 길은 노량나루로 한강을 건너 경기도 과천 → 시흥 → 수원 → 성환을 거쳐 충청도 천안 → 공주 → 은진을 지나 전라도 삼례로 이어진다. 두 번째 길은 송파나루를 건너 경기도 광주 → 이천 → 음죽을 거쳐 충청도 충주에 이르러 연풍으로 해서 새재[鳥嶺]를 넘어 경상도 문경으로 가거나, 단양으로 해서 죽령(竹嶺)을 넘어 경상도 영주로 이어진다. 세 번째 길은 한강나루를 건너 경기도 판교 → 용인 → 죽산을 거쳐 충청도 진천 → 청주 → 보은 → 영동을 지나 추풍령(秋風嶺)을 넘어 경상도 김천으로 이어진다.

경부선 철도가 놓이기 전 복음도 이 길을 따라 남쪽으로 확산되어 나갔다. 남도 사람들이 이 길을 따라 서울에 왔다가 새로 들어온 '야소교' 소식을 갖고 고향으로 돌아갔으며, 1890년대 후반부터 전도인과 선교사들의 지방여행이 자유로워지면서 남도지방의 복음 전파와 교회 설립이 활발하게 이루어졌다. 이처럼 세 갈래 길로 남도와 서울을 오가던 전도인과 선교사들에 의해 '선비들의 고장' 충청도에도 복음이 전파되었다.

세 갈래 길로 충청도에 들어온 복음

노량나루를 건너 수원과 천안을 거쳐 공주에 이르는 길로는 미감리회 선교가 활발하였다. 이미 1893년에 화성군 장지리에 교회가 설립되었으며 그해 미감리회 한국 선교연회는 수원과 공주를 단일 '구역'(circuit)으로 묶어 경기도와 충청도를 선교 지역으로 삼았다. 그러다가 1903년 공주에 정식으로 선교부를 설치하여 충청도 선교의 거점으로 삼았다. 초기 공주 선교를 개척한 선교사로는 스크랜턴(W.B. Scranton, 施蘭敦)과 맥길(W.B. McGill), 스웨어러(W.C. Swearer, 徐元輔), 윌리엄즈(F.A.K. Williams, 禹利岩), 샤프(R.A. Sharp), 테일러(C. Taylor, 戴理悟) 등을 꼽을 수 있고 한국인으로는 배재학당 출신 문경호와 윤성렬을 들 수 있다.

송파나루를 건너 광주, 이천을 거쳐 충주로 이어지는 길도 미감리회 쪽에서 개척하였다. 1899년에는 이천 지방 '의병장 출신' 전도사, 구연영(具然英)을 배출한 덕들[德坪]교회가 설립되었고, 이곳 출신 박해숙, 한창섭, 오해두, 이용주, 김제안 등이 충청도지역까지 나가 전도하였다. 특히 충청도 출신으로 '첫 개신교인' 이 된 박해숙은 1901년 고향으로 돌아와 충주, 목천, 진천, 청주 등지를 돌며 전도하여 열두 마을에서 470명의 개종자를 얻어 선교사들을 놀라게 했다. 이로써 미감리회의 충청북도 선교는 충주를 기점으로 제천, 단양, 괴산, 음성, 진천으로 내려가는 줄기와 공주를 기점으로 조치원, 청주, 보은, 문의, 영동으로 올라가는 줄기가 교차하며 이루어졌다. 그 결과 1905년 당시 충청도 지역에 55개 교회가 설립되었고 교인수는 2천 명에 달하였다. 1907년 당시 충청북도지역 목회자로는 충주에 이문현, 음성에 이성요, 청주에 한창섭, 진천에 오흥소, 목천에 전기주, 보은에 신홍식, 문의에 송태용, 연기에 오해두, 회인에 양지옥 등이 활약하고 있었다.

다음으로 한강나루를 건너 용인, 죽산을 거쳐 진천, 청주에 이르는 길은 북장로회가 맡았다. '갑오년 동학 난리' 가 나던 1894년, 새문안교회의 언더우드(H.G. Underwood, 元杜尤)는 서상륜, 김흥경, 박태선, 유흥렬 등을 서울 인근 경기도 지역에 전도인으로 파송하여 본격적인 지방 선교에 나섰다. 그 가운데 김흥경(金興京)이 용인, 양지, 죽산에 이르는 경기 남부지역을 돌며 전도하였다. 그 결과 1894년 용인군 백봉리에, 그 이듬해 광주군 신대리에, 1900년 무렵 죽산군 둠병리[屯兵里]에 각각 교회가 설립되었고 계속해서 안성을 중심으로 경기 남부지역에 강력한 교세를 형성하였다.

처음 북장로회의 선교 구역은 경기도 땅을 넘지 않았다. 1893년 1월, 남장로회 선교사들이 한국에 들어오자 이들에게 전라도와 충청도 지역이 맡겨졌다. 그러나 재정이나 인적 자원이 부족했던 남장로회에서는 전라도지역만으로도 벅차 3년 만에 충청도지역을 포기하였다. 그때 마침 침례교 계통의 엘라딩선교회(Ella Thing Memorial Mission)가 들어와 공주에 자리 잡고 선교를 시작하자, 충청도지역은 자연스럽게 그들이 맡게 되었다. 그러나 엘라딩선교회마저 자금 문제로 1900년 한국 선교를 포기하고 돌아갔다. 그리하여 독립선교사 펜윅(M.C. Fenwick, 片爲益)이 엘라딩선교회 사업을 인계 받았으나 그는 주로 원산에 머물면서 북쪽으로 선교 지역을 확장하고 있었기 때문에 충청도에는 많은 관심을 기울이지

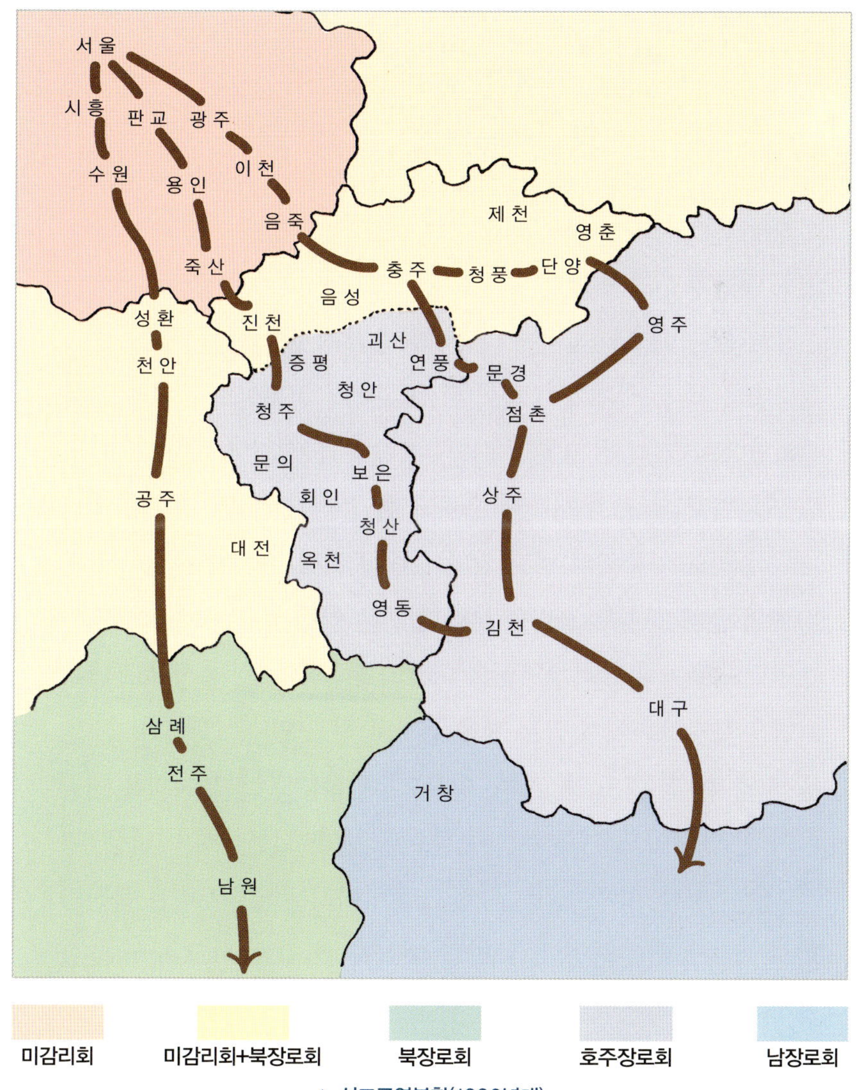

▲ 선교구역분할(1930년대)

못하였다. 결국 북장로회가 충청도지역까지 떠맡게 되었다. 그 결과 1900년 이후 경기 남부지역 선교를 맡게 된 밀러(F.S. Miller, 閔老雅) 선교사와 전도인 김흥경의 여행 길이 차령산맥을 넘어 충청도 땅까지 연장되었다.

이처럼 거의 같은 시기에 미감리회와 북장로회가 충청북도에 진출하였다. 처음엔 경계선 없이 두 교회에서 전도인과 선교사를 파송하였다. 그러다가 1903년 원산부흥운동과 1907년 평양부흥운동을 거치면서 두 교회 사이에 우호적 협력 분위기가 조성되어 강원도와 충청도의 중첩된 선교 지역에 대한 분할 협정이 진행되었다. 1909년에 체결된 두 교회의 분할 협정은 원주, 강릉으로 이어지는 강원도와 충청북도 북부지역은 미감리회에서 맡고, 충청북도 남부지역은 북장로회에서 맡는 것을 골자로 하고 있다. 그 결과, 진천, 음성, 충주, 청풍, 단양, 제천, 영춘으로 이어지는 북부지역은 미감리회 선교 구역으로, 청주를 중심으로 문의, 회인, 옥천, 영동, 황간, 청산, 청안, 증평, 연풍, 괴산으로 이어지는 남부지역은 북장로회 구역으로 확정되었다. 해방될 때까지 이 같은 선교 구역 분할 협정은 '신사적으로' 잘 지켜졌다.

둠벙리에서 신대리까지

충청도에서 첫 장로교인은 청원군 강서면 신대리(현 청주시 흥덕구 신대동)에서 나왔다. 1901년에 설립된 신대교회에 대한 『조선예수교장로회 사기』 상권(1928년)의 기록은 다음과 같다.

"淸州郡 新垈里敎會가 成立하다. 本里人 吳天甫 文誠心 吳三根 等이 竹山郡 屯兵里 査經會에셔 聞道하고 歸家 傳道하니 信者稍進하야 敎會가 設立되니라."

미호천변 뚝방 너머 신대리 ▼

정리하면, 신대리에 살던 오천보, 문성심, 오삼근 등이 죽산군 둠벙리에서 열린 사경회에 참석했다가 은혜를 받고 돌아와 자기 동네에서 전도하여 교회가 설립되었다는 것이다. 청주지역 기독교 역사와 유적 답사는 이 한 구절을 확인하는 것으로 시작된다.

신대리는 1983년 이후 청주시에 편입되기는 하였지만 지금도 여전히 시골이다. '신대'(新垈)라는 마을 이름에서도 느낄 수 있듯 이 마을은 금강으로 흘러 들어가는 무심천과 미호천 개울을 따라 장마 때마다 홍수에 쓸려 내려온 토사가 쌓여 생긴 마을이다. 기름진 땅이라 농사는 잘되었으나 일 년에 한 번씩은 물난리를 겪어야 했다. 이로 인해 개울을 따라 청주를 둘러 싼 제방이 성벽처럼 건설된 것은 1921년이다. 이 제방길을 따라 청주에서 한 시간마다 있는 시내버스로 40분 남짓 달리면 '웃신대'[上新垈里]를 거쳐 '아랫신대'[下新垈里]에 이른다. 종점에서 내려 뚝방에 오르면 넓은 신대들이 보이고 전형적인 시골 마을 지붕 위로 신대교회 십자가 종탑이 보인다.

마을 입구 노인정을 지나 교회 쪽으로 들어가다 보면 길 중간쯤 손님 마중 나온 듯 서 있는 비석 하나를 만나게 된다. 1985년 2월 4일에 한국기독교선교100주년기념사업회 충청북도협의회(회장:

엄기현 목사)가 세운 〈기독교 전래 기념비〉다. 청주지역 교역자와 평신도들이 초교파적으로 참여하였고 강우혁 충북지사가 '큰 돈을 내서' 건립된 비석 후면에는 1901년 신대리 교인들이 첫 교회를 설립한 내력과 이곳에서 복음이 충북 지역으로 퍼져 나간 역사가 새겨져 있다.

▲ 기독교 전래 기념비

"이치로 따지자면 기념비는 신대교회 마당에 세워야 했지요. 그런데 교회 터가 너무 좁아 비를 세울 수 없어 마을 주민들에게 협조를 요청했습니다. 처음엔 별로 반응이 없었는데, 도지사가 돈을 내고 비석 제막식에 참석한다니깐 '마을이 생긴 이래 도지사가 찾아오는 것은 처음' 이라며 마을 노인들이 나서서 비석 세울 땅을 내놓았지요."

자기 조상 묘비 건사하듯 기념비를 돌보고 있는 신대교회 오영석(吳永錫) 장로의 이야기다. 그는 청주지방의 첫 교인이자 신대교회를 시작했던 오천보의 조카다.

"저희 집안은 해주 오씨 신령공파에 속하는데 조선시대에 옥천에 사시던 조상이 이곳 신대로 이주하여 뿌리를 내렸답니다. 지금은 많이 떠났지만 일제시대만 해도 80호쯤 되는 마을에 오씨네가 50호 넘었어요. 오씨 마을인 셈이지요. 저희 아버님 형제가 세 분이셨는데 천자 보자 쓰시는 어른이 제일 윗분이시구 저희 아버님이 막내였지요."

그가 펴 보이는 족보에, 자(字)를 '천보'(天甫)라 했던 오재규(吳載圭, 1864년생), '만여'(萬汝)라 했던 오만규(吳萬圭, 1868년생), '인보'(仁甫)라 했던 오인규(吳仁圭, 1879년생), 삼형제가 나오는데 『조선예수교장로회 사기』에 나오는 '오천보'가 바로 맏형 오재규다. 족보 내용으로 보아 양반 가문의 선비 전통을 지닌 집안임을 알 수 있다. 교회 창립 기사에 나오는 오삼근(吳三根, 1830년생)은 촌수가 먼 당숙(堂叔)인데 자를 '치경'(致敬)이라 하였다.

"아버님 형제분들은 농사를 지으면서 농한기가 되면 장사를 하셨답니다. 당시 서울 가려면 바로 마을 앞 신대나루로 배를 타고 미호천을 건너 진천, 죽산으로 해서 서울로 갔지요. 어느 핸가 큰아버님이 같은 동네에 사시던 문성심 씨와 죽산에 들렀는데, 마침 그곳에 사경회가 열려 참석했다가 은혜 받고 돌아와서는 당숙 어른과 상의해서 교회를 시작하신 거래요."

1900년 무렵 창립된 죽산 둠병리교회는 경기 남부 복음 전도의 거점이 되었고 매년 음력 정월 농한기를 이용해 보름간 이곳에서 사경회가 열렸다. 1902년 정월에 열린 사경회에 대한 〈그리스도신문〉(1902. 2. 20)의 보도다.

"금년 정월 십오일부터 여러 곳 영슈 집사들이 각각 먹을 량식을 가지고 산 둠병리 교회로 모혀 두쥬일 동안을 공부하엿는대 사람수는 이십이 명이오 공부는 마가복음과 교회 규모와 찬미오 가라치기는 민 목사가 하엿는대 매우 자미도 잇고 또 그에 매우 반갑기는 자긔들이 이왕에 공부 아니한거슬 뉘웃고 이제야 목마른 줄을 깨닷는 모양이더라."

'주막교회' 전도집회

서당에서 글 읽듯 성경을 죽죽 읽어나가며 뜻을 풀이하던 사경회 분위기가 충청도 선비들의 마음을 끌었던 것이다. 그들은 그런 식으로 신대리에서도 모임을 시작했다.

"처음엔 큰아버님께서 당신 집, 그러니까 지금 저희가 살고 있는 이 집에서 모임을 시작하셨답니다. 그런데 하루는 누군가, '좁은 이곳에서 모일 것이 아니라 사람들이 많이 모이는 주막으로 자리를 옮기자.' 고 해서 그때부터 나루 근처 주막을 빌려 집회를 하셨답니다. 흰 광목에 십자가를 그려 주막에 꽂아 놓고 예배를 드렸는데, 호기심을 가지고 사람들이 몰려오니까 주막집 주모도 좋아했답니다. 그에겐 술손님으로 보였겠지요."

기상천외한 '주막교회'(酒幕敎會)가 이렇게 시작되었다. 개화 바람을 타고 교인도 늘어났다. 이 소식이 서울 선교사들에게 알려졌다. 1901년 말, 서울에 있던 밀러 선교사가 신대리로 내려왔다.

"민노아 목사가 신대리로 내려 와서는 주막교회로 가서 예배장

▲ 옛날 주막교회가 있었던 곳을 설명하는 오영석 장로

소를 빌려 준 주막집 주모를 보고 미소 지으며 등을 두드려 주니까 주모는 자기를 좋아하는 줄 알고 정성을 다해 대접했답니다. 그런데 민 목사가 주막에서 사람들을 모아놓고 전도하면서, '술 먹으면 집안 망하고 죽어서 지옥에 간다.' 고 말했다는 것 아닙니까? 화가 머리끝까지 난 주모가 집회 도중 빗자루를 휘둘러 대며 민 목사와 교인들을 내쫓았대요."

결국 교회는 다시 오천보의 집으로 옮겨졌고, 오래지 않아 교인들의 헌금으로 오천보의 집 옆에 초가삼간 예배당을 마련하였다. 이처럼 밀러는 선교사들이 전도하지 않았는데도 자생적으로 설립된 교회를 보고 감격하여 1902년 북장로회 선교사 연례회의 때 그

▲ 오천보의 생가. 조카인 오영석 장로가 살고 있다.

내용을 보고했다.

"1901년 1월경에 충청도 사업이 시작되었는데 우리는 지난 12월 그곳을 처음 방문하여 예비 신자들을 보고 왔습니다. 지난 11개월 동안 이곳에서 이룩한 업적이 지난 6년 동안 경기 남부지역에서 이룩한 것보다 월등합니다. 그 이유는 수도 근방에 살고 있는 사람들과는 달리 이곳 주민들이 학식 있는 사람들이라는 데 있는 것 같습니다. 우리를 찾아오는 사람들은 대부분 양반층이거나 생활의 여유가 있는 농부들입니다. 청주 신대리에는 조사 한 사람이 학습인 16명을 지도하고 있는데 그들은 자체적으로 예배당 건물을 마련하였고 거의 매일 저녁 모여 기도하고, 공부하거나 〈그리스도신문〉을 읽습니다."

신대교회는 처음부터 '선비들의 모임'이었다. 그런 교회에 밀러는 윤홍채(尹鴻彩)라는 조사를 내려 보내 신자를 돌보며 전도하게 했다. 그는 청주뿐 아니라 보은과 회인, 괴산은 물론 멀리 경상도 상주까지 내려가 교회를 설립하였다. 신대교회에는 또 다른 전설적인 전도부인이 있었다. 오천보의 부인이자 오영석 장로의 큰어머니인 이춘성(李春成)이다. 일제시대 청주지역 선교사 보고에서 "뛰어난 전도부인"으로 자주 언급되는 '오씨 부인'(Mrs. Oh)이 바로 그다.

"백모님은 선교사 주선으로 평양에 가서 신학을 공부하고 내려오셔서 전도부인을 하셨는데 충청도 전역을 다니시며 전도하셨답니다. 특히 귀신을 잘 내쫓으셨는데 바로 이 집에서 귀신 들린 사람 스무 명을 고치셨대요. 체구는 작지만 당찬 호령하며 불꽃같은 눈초리에 귀신들도 겁을 먹고 도망쳤답니다. 그러나 우리 교인과 가족에겐 더없이 자상한 어른이셨지요."

▲ 이춘성 전도부인 공덕비와 오을석(吳乙錫) 장로 추념비

신대교회 좁은 마당엔 〈이춘성 전도부인 공덕비〉와 일제시대와 해방직후 어려운 때 교회를 지킨 〈오을석(吳乙錫) 장로 추념비〉가 나란히 서 있다. 1970년대에 새로 지은 붉은 벽돌 예배당은 특징도 없고 멋도 없지만, 아담한 비석 두 개 때문에 이곳이 청주지방 복음 선교 1번지였고 마을에 개화 바람을 불러일으킨 청서학교(淸西學校)가 있던 자리였음을 알 수 있다.

"한말에 설립된 청서학교 출신 중에는 평양 숭실로 유학 가서 출세한 분들이 많았는데 제가 아는 분만해도 박태영, 오춘석, 장기대, 방준일 같은 분들을 꼽을 수 있습니다. 또 우리 마을로 시집온 여자들은 의례 한글 정도는 쓰고 읽을 수 있게 되었습니다. 교회가 들어선 후 마을이 깬 것은 물론 굿하는 집도 없어졌지요."

자부심을 갖고 마을과 교회를 안내하는 오영석 장로의 말 속에서 둠벙리 사경회에 참석해 은혜 받고 돌아와 주막집에 십자기를 꽂고 예배를 인도했던 오천보가 지녔을 자신감이 느껴진다.

"옛날 십자기 걸고 예배드리던 주막집은 어디였습니까?"

"저기쯤입니다."

뚝방 길에 올라 그가 가리킨 곳은 미호천 개울가 풀밭, 소 몇 마리가 한가로이 풀을 뜯고 있었다. 그리고 개울 건너 올해로 창립 70주년이 되었다는 국사교회가 보인다. 일제시대 어느 핸가 큰 홍수가 나 신대리 일대가 물에 잠겼을 때, "더는 여기서 살 수 없다."며 짐을 싸들고 개울 건너 언덕으로 이사 간 신대리 교인들이 세운 교회다. 오천보와 함께 신대교회를 시작했던 문성심과 오삼근 식구들도 그때 신대리를 떠났다고 한다. 그래서 그런지 절손된 큰아버지

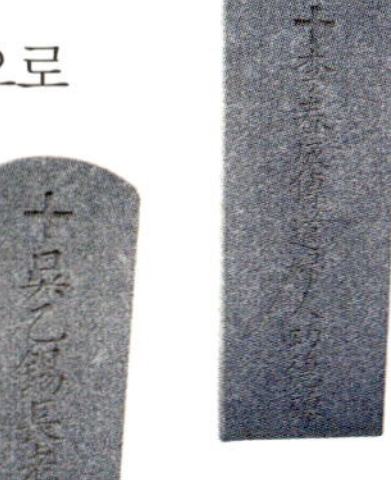

오천보가 살던 집을 물려받아 살면서 대를 이어 고향 교회를 지키고 있는 오영석 장로가 더없이 고맙다.

뒷이야기

◎◎1998년 〈기독교사상〉에 이 글을 쓰고 난 후 신대교회를 비롯하여 청주지역 교회사 유적지를 답사할 기회가 많았고 그 과정에서 청주지역 교회사 발굴과 정리 작업에 깊은 관심을 두고 있던 연구자들을 많이 만났다. 청주제일교회의 이쾌재 목사님을 비롯하여 그 교회 최동준 장로, 그리고 청북교회의 안재명 장로와 충북대학교 사학과 전순동 교수 등이 답사 때마다 많은 도움을 주었다. 그 중에도 이쾌재 목사님은 충북지역 초기 선교 자료를 모아 『충북노회 사료집』(1999년)을 펴내 충북지역 기독교사 연구의 기본 자료를 정리하였다. 이 분들이 중심이 되어 1999년 '충북기독교사연구회' (회장: 최동준, 총무: 전순동)가 조직되어 충북지역 교회사와 관련된 연구와 선교 유적지 답사, 자료집 발간 등 다양한 분야에서 활발하게 움직이고 있으며 2002년에는 충북기독교선교 100주년기념사업회 이름으로 방대한 분량의 『충북기독교백년사』(전순동 집필)를 발간하였다. 충북(충주) 출신인 나로서는 더없이 반가운 일이다.

천주교 순교 성지에 세워진 개신교회

- 청주제일교회 -

마침내 청주 문화재 당국이 움직였다. 청주제일교회와 청주시 역사학자, 문화운동가들의 계속되는 탄원에 마침내 청주시는 망선루를 중앙공원으로 옮기기로 결정한 것이다. 청주제일교회로부터 망선루 건물 소유권을 이양 받는 형식으로 망선루를 떠맡은 청주시 당국은 1999년 가을에 망선루를 해체하기 시작하여 1년 만에 중앙공원에 옮겨 복원하였다. 그러면서 청주시는 청주제일교회 예배당 뒤편, 망선루가 있던 자리에 그동안 망선루가 겪어야 했던 수난의 역사를 적은 '기념비'를 세워 놓았다. 골치 아팠던 망선루 문제가 해결되자 청주제일교회에서는 서둘러 '교회 창립 100주년 기념관' 건축 공사에 착수했다. 청주 개선 선교사 밀러의 이름을 따 '민노아기념관'이라 부르기로 한 기념관은 연건평 4백여 평 되는 3층짜리 건물로 교육, 행정, 친교, 세미나 등 다용도 시설로 활용할 계획이다. 위치는 망선루와 목사관이 있던 자리로 하고 2001년 3월 공사를 시작하여 2003년 가을 공사를 마쳤다.

충청도에서 찾아보기!
청주제일교회
제천
단양
충주
음성
진천
중부고속국도
괴산
당진
서산
태안
아산
천안
서해안고속국도
예산
홍성
청주
조치원
보은
청주~상주간고속국도(공사중)
청양
칠갑산
공주
보령
공주~서해간고속국도(공사중)
금 강
계룡산
국립공원
계룡산
대전
옥천
부여
논산
강경
호남고속국도
추풍령
영동
금산
서천
진악산

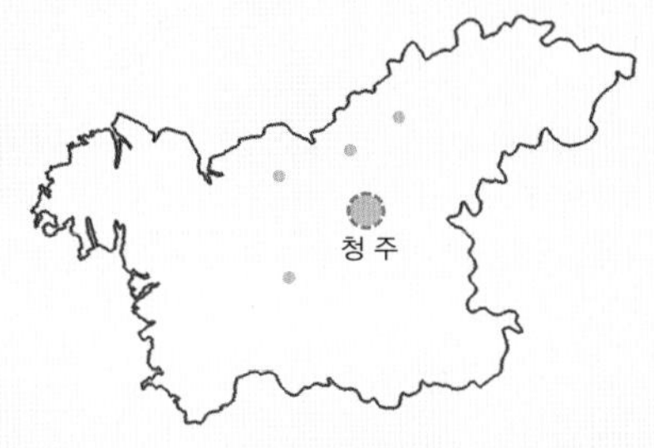

천주교 순교 성지에 세워진 개신교회
– 청주제일교회

'충청도 양반' 이란 말이 있다. 충청도 사람들의 말과 행동이 느리고 체면을 중요시하는 것을 빗대서 하는 말이기도 하지만 실제로도 충청도에는 양반들이 많이 살았다. 서울에서 사흘길 되는 충청도에는 험준한 산도 별로 없고 물 맑고 땅도 비옥해서 명문 귀족들의 식읍(食邑)으로 인기가 높았다. 특히 고려시대 재상 경대승, 경복흥을 배출한 경(慶)씨 집안과 곽원, 곽여, 곽예를 배출한 곽(郭)씨 집안, 고려말과 조선조 초기 정치 변혁기에 뛰어난 정치력을 발휘했던 정총, 정탁을 배출한 정(鄭)씨 집안과 한수, 한상경, 한확, 한백륜, 한명회, 한계희를 배출한 한(韓)씨 집안 등 청주를 본으로 한 토호, 양반 세력의 위세는 대단했다. 그러나 청주에 '양반' 만 있었던 것은 아니다. 천민 동네엔 양반이 없어도 되지만 양반 동네엔 천민이 있어야 했다. 양반들의 위세가 강하면 강할수록 천민들의 한과 고통이 심하였다. 자연 이들 사이에 긴장이 있기 마련이다.

효종 9년(1658년), 청주에 살던 '억이' 란 노비가 자기 주인을 살해한 사건이 일어났다. 사건이 일어나자 있을 수 없는 '역상' (逆上) 사건이 일어났다는 이유로 지방 관리들에 대한 대대적인 숙청이 진행되었고 고을 이름도 '청주목' (淸州牧)에서 '서원현' (西原縣)으로 강등되었다. 청주란 이름은 고려 때 붙여진 이름이고 '서원' (西原)은 통일신라 때 이름이다. 백제시대엔 '상당' (上黨)으로 불렸다. 조선시대, 청주지역과 청주 출신이 관련된 '역사' 혹은 '역모' (逆謀) 사건이 여섯 번 있었고 그때마다 '청주' 는 '서원' 으로 강등되었다. 따라서 조선시대 '서원' 이란 명칭에는 양반과 집권 세력에 대한 민중의 저항 역사가 담겨 있었다. 1880년대 동학이 일어났을 때 청주 사람 손천민, 손병희, 서장옥 등이 크게 활약하였고, 1894년 동학 농민전쟁 때 손천민이 이끈 보은 대회전(大會戰)과 김개남이 이끈 청주성 전투는 봉건 부패세력에 대한 민중 저항의 열기를 대변하였다.

이처럼 청주는 양반과 지배세력의 여유를 담은 풍류 문화와 함께 고난 받는 민중의 한(恨)을 담은 저항 문화를 간직하고 있다. 청주지역 교회 역사와 유적 속에도 이런 양면적 문화 흔적이 배어 있다.

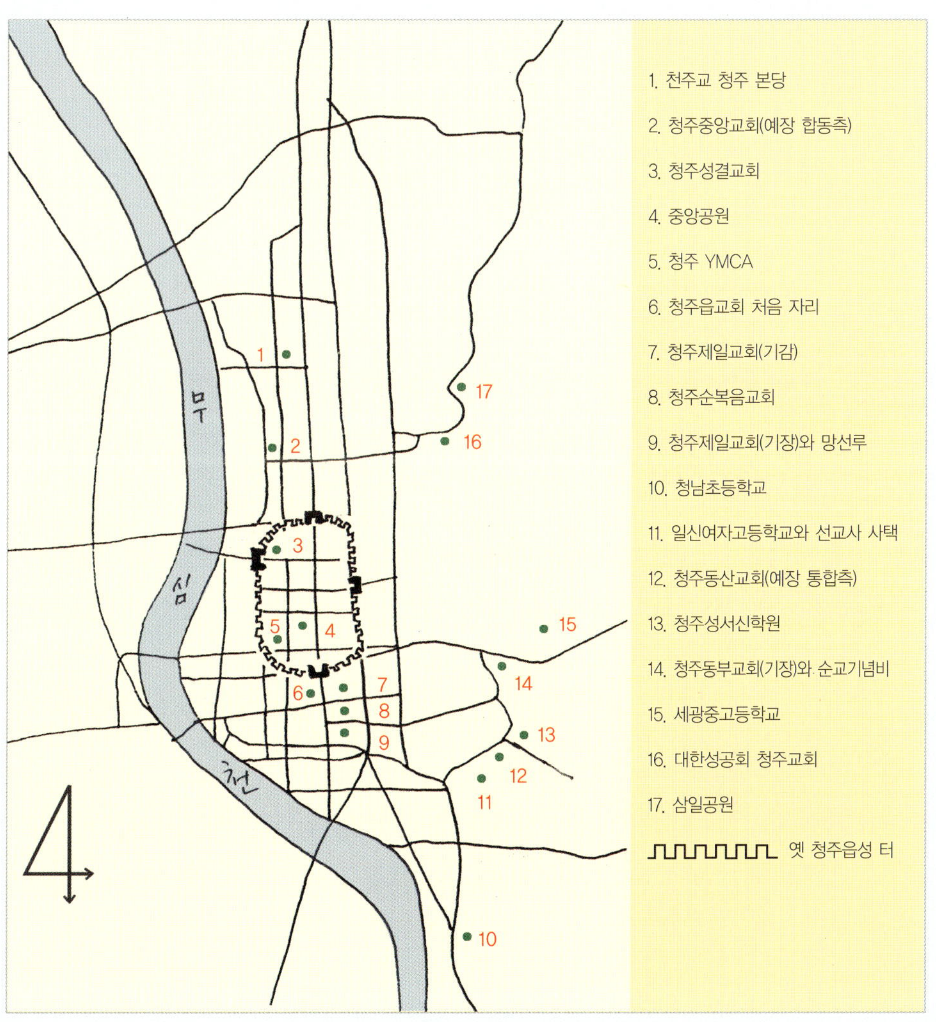

▲ 청주시 기독교 관련 유적지

순교의 터 위에 세워진 교회

1901년 청주지역에 최초로 설립된 신대교회 조사 윤홍채(尹鴻彩)의 전도활동에 대한 『조선예수교장로회 사기』(1928년)의 기록이다.

"淸州 新垈教人 中 尹鴻彩 兄弟가 報恩郡 內北面 桃源里와 懷北面 法注里와 槐山郡 淸川面 公林과 尙州郡 化北面 龍華里 等地에 巡廻하며 教會의 勢力을 誇張하고 傳道한 結果로 士族들의게 壓迫과 苦痛을 받던 民衆들이 依勢次로 多數히 歸道하야 各處에 教會가 森立하얏난대 其中 篤信者가 生起며…"

양반 귀족들의 횡포에 고통 받던 '민중' 들이 교회의 보호를 받으려고 몰려들었다는 말이다. 윤홍채가 순회하며 전도한 지역이 과거 동학군들이 많이 나왔던 지역임을 감안할 때, 교회의 보호를 받으러 나온 사람들이 어떤 부류였을지 쉽게 짐작할 수 있다. 그들은 '억이' 의 후예들이었다. 이처럼 교회는 양반 · 토착 지배세력의 횡포로부터 민중이 보호받을 수 있는 피난처였다.

또한 교회는 정치 · 사회적 변화를 요구하는 신진 세력에게 새로운 가치와 활동 공간을 제공하였다. 청주읍교회는 이런 변화를 요구하는 청년들이 중심이 되어 1904년에 설립되었다. 역시 『조선예수교장로회 사기』의 기록이다.

"淸州邑敎會가 成立하다. 先是에 監理派 宣敎師 徐元甫가 當地에 來하야 傳道함으로 千行均과 女人 金나오미가 밋엇고 至是하야 長老派 宣敎師 閔老雅와 長老 金興京이 當地에 來하야 主의 福音을 協力傳道한 結果로 有望한 靑年中 金源培, 方興根, 李英均, 金在皓, 李範俊 等이 歸主信敎後로 本邑 南門內에 禮拜堂을 設置하니 敎會가 成立되야 漸次興旺하더라."

북장로회의 밀러와 김흥경이 1900년말부터 청주지역을 돌며 전도하여 처음 얻은 교인은 김원배, 방흥근, 이영균, 김재호, 이범준 등 '유망한 청년' 들이었다. 1904년에 이르러 남문밖에 방 여섯이 딸린 초가집 한 채를 마련해 김흥경의 처소 겸 예배당과 책방으로 사용했다(『조선예수교장로회 사기』의 "남문내"란 기록은 잘못된 것이다. 초가집 예배당이 있던 남문로 1가 194번지에는 일제시대

▲ 청남학교 1910-1915년

소방소가 있다가 지금은 복잡한 시장 골목으로 변하여 청주극장과 옷가게가 자리 잡고 있다). 또한 교회가 설립된 같은 해 김원배, 방흥근, 김태희(金泰熙) 등 교회 청년들은 방흥근의 집에서 학교를 시작했다. 지금까지 역사가 이어져 내려오고 있는 청남학교(淸南學校)의 시작이다. 이로써 청주에서도 교회와 학교가 함께 출발하였고 변화를 갈망하는 청년들이 교회로 몰려들었다. 그리하여 교회 설립 1년 만에 교인이 50명을 넘었다. 이에 교회를 옮길 넓은 땅이 필요했다. 1905년, 교회 설립자의 한 사람인 김원배가 '임종 유언으로' 1백 원을 교회에 기부한 것이 계기가 되어 새 예배당 건축 헌금이 시작되었고 마침 초가 예배당에서 멀지 않은 곳에 1천여 평이 넘는 넓은 부지가 나왔다. 그런데 그곳이 역사적으로 의미 있는 곳이었다.

서울과 영 · 호남을 잇는 교통의 요충지이며, 군사 · 경제적으로 중요한 의미를 지녔던 청주에 길이 30리 되는 성이 축성된 시기는 조선 성종 때(1478년)였다(성은 1915년 도시 개발로 붕괴되었다).

▲ 척화비. 반만 남았는데 지금 청주중앙공원 안에 보관되어 있다.

선조 때 해미에 있던 병영(兵營)과 옥천에 있던 진영(鎭營)이 청주로 옮겨져 병영을 관장하는 병마절도사(兵馬節度使, 약칭 兵使)는 성 안에, 진영을 관장하는 진영장(鎭營將, 약칭 營將)은 성 밖에 머물렀다. 대개 종2품 문관인 관찰사가 겸임한 병사는 상징적인 지휘관이었고 실질적인 군사권은 정3품인 영장이 쥐고 지역 방어와 치안을 총괄하였다. 따라서 성 밖 진영에는 영장의 관사(官舍)와 함께 죄인들을 가두는 옥사(獄舍)도 있었다. 충청도 전역에서 잡혀온 죄수들이 이곳에 갇혀 재판을 받았으며 사형수들은 남석교(南石橋) 건너 무심천 모래톱에서 처형되었다.

그런 관계로 조선후기 '사학죄인' 으로 체포된 충청도 출신 천주교인들이 이곳 청주 병영으로 압송되어 고문당하고 희생되었다. 대표적인 예로, 정조년(1799년) 당진 출신 배관겸이 청주 병영으로 이송되어 '팔 다리가 부러지고 살이 터지는' 고문을 겪은 후 형장에

▲ 청주읍교회 성탄예배기념, 1940년대 교회활동

끌려나가 매를 맞고 죽었으며, 신유박해(1801년) 때 덕산 출신 김사집과 골롬바가 역시 이곳에서 곤장을 맞고 죽었다. 기해박해(1839년) 때 최양복을 비롯한 제천 출신 교인들이 이곳에 끌려와 고문을 당한 후 공주로 옮겨져 희생되었고, 병인박해(1866년) 때 진천 출신 오반지가 청주 형장에서 교수형을 당하였다. 이처럼 청주 병영은 고문당하고 순교한 천주교인들의 눈물과 피가 묻은 곳이었다.

1905년 청주읍교회가 새로 터를 잡은 곳이 지금의 남문로 1가 154번지 일대, 바로 청주 영장 관사 기지였다. 동학농민전쟁 때 관군 편을 들어 공을 세운 보부상 조합 소유로 넘어갔던 것을 교회에서 사들인 것이다. 1천 5백여 평 되는 넓은 기지를 확보한 교회는 1백 석 규모의 예배당을 건축하여 방흥근의 집에서 모이던 청남학교도 이리로 옮겼고 여학교로 청신학교(淸信學校)도 설립하였다. 후에 소민병원으로 발전하는 시약소(施藥所)도 이곳에서 시작되었고 상당유치원과 청주 남·녀 성경학원도 이곳에 설립되었다. 청주 기독교 역사의 특징인 청년운동의 구심점이었던 기독교청년회(YMCA)와 면려회 조직도 이곳에서 시작되었다.

상처 입은 예배당 건물

이런 역사적 의미를 지닌 '영장 관사' 터에 자리 잡은 청주읍교회는 1914년에 2백 석 규모의 함석지붕 목조 단층 예배당을 마련하였다가 1939년에 5백 석 규모의 2층 벽돌 새 예배당을 마련했다. 지금 남아 있는 청주제일교회 예배당이 바로 그것이다(1935년에 청주읍 서문 쪽에 청주제2교회[지금의 청주중앙교회]가 개척되면서 청주읍교회는 청주제일교회로 불리게 되었다).

그때 돈 3만3천 원을 들여 지은 청주제일교회 예배당 건물은 전형적인 중앙 첨탑형 고딕식 벽돌 건물이다. 4층 높이에 첨탑 지붕을 얹은 중앙 종탑 좌우로 출입구를 냈으며 외부에서 바로 2층 예배실로 올라갈 수 있도록 양쪽 출입구에 계단을 설치했다. 예배당 2층 전면 중앙에 예서체로 "淸州第一敎會禮拜堂"이라 새긴 돌판 9개가 아치형으로 부착되어 있는데 글씨가 부드러우면서도 힘이 있

▲ 청주제일교회 예배당(전면)

다. 청주 명필로 꼽히던 오의근(吳義根) 장로의 글씨다. 예배당 1층은 여러 개 방으로 나뉘어 있어 유치원과 사무실로 사용되고 있는데 일제말기 청주성경학원 학생들이 이곳에서 공부했다. 2층 예배당 내부는 기둥도 없는 넓은 공간에 긴 의자들만 놓여 있다.

"청주 사람이 좀 보수적이지요. 1930년대 후반까지도 예배당 한 가운데 남자와 여자의 자리를 가르는 휘장이 있었어요. 구연직 목사님 때 교회가 크게 부흥했고 휘장도 그때 철거되었습니다. 그리고 얼마 안 가 새 예배당을 지었는데, 처음으로 의자를 놓았어요. 그런데 부인들이 의자에 앉지 않고 마루 바닥에 앉아 예배를 드리는 겁니다. 어떻게 하나님께 예배를 드리면서 건방지게 의자에 앉아서 예배를 드리느냐는 거였습니다."

괴산 출신으로 열다섯 살 때(1930년) 청주로 나와 서른넷에 청주제일교회 장로가 된 후 지금까지 교회를 지켜온 홍청흠(洪淸欽) 원

▲ 청주제일교회 예배당(淸州第一敎會禮拜堂) 예서체 글씨

로 장로의 증언이다. 일제말기 교회 수난과 해방 후 좌우익 갈등, 6·25전쟁으로 이어지는 민족 수난기, 그리고 전쟁 와중에 진행된 기장·예장 분열 현장에서 교회의 역사를 지켜본 분이다. 그의 안내로 예배당 건물을 둘러보는데 예배당 서남쪽 붉은 벽 여러 곳에 패인 자국들이 보인다.

"6·25때 예배당 바로 곁에 큰 폭탄이 떨어졌어요. 조금만 비껴 떨어졌어도 예배당 전체가 날아갔을 겁니다. 벽에 패인 흔적들은 그때 떨어진 폭탄 파편을 맞아 생긴 상처예요. 언젠가 당회에서 보기에 흉하다고 벽을 새로 쌓자고 하는 것을 내가 고집해서 그대로 두자고 했어요. 전쟁을 모르고 자란 아이들에게 전쟁의 상처를 보여 주는 데 이보다 좋은 예가 어디 있겠어요?"

창에 찔린 그리스도의 몸처럼 상처 입은 예배당 건물을 둘러보다 보니, 이상한 것이 하나 더 있다. 건물 하나에 '모퉁이 돌'이 둘이다. 동남쪽 모서리 모퉁이 돌에는 "1939. 10. 13. 定礎"라고, 동북쪽 모서리 모퉁이 돌에는 "1950 준공"이라고 각각 새겨져 있다. 이것만 보면 예배당을 12년 걸려 지은 셈이다.

▲ 교회당 측면. 앞쪽에 폭탄 맞은 흔적이 남아 있다.

1939년 정초석 ▲

1950년 정초

"그런 건 아니고요. 1939년에 일단 예배당 건물을 완성했지요. 그런데 해방이 되자 교인들이 크게 늘었어요. 특히 청년 학생들이 많이 나왔지요. 그래서 급한 대로 북쪽으로 두 칸 정도 더 늘려 지은 겁니다. 1950년 초에 증축을 끝내려고 했는데 전쟁 때문에 공사를 중단하고 피난 갔다 돌아와 1952년에야 마칠 수 있었지요."

그런 내력의 '1950년 모퉁이 돌'을 쓰다듬으며 예배당 뒤쪽으로 돌아가면 좁은 공간을 사이에 두고 예배당과 어울리지 않는 낡은

건물이 버티고 있다. 1982년에 충청북도 지방유형문화재 110호로 지정된 망선루(望仙樓)다

"저게 우리 교회 애물단지입니다."

고려시대 건물에 양변기

망선루가 교회 안마당에 자리 잡게 된 데는 기막힌 사연이 있다. 이 누각의 처음 이름은 취경루(聚景樓)로 지금은 중앙공원으로 바뀐 옛 청주성 안, 객관(客館) 동편에 있었다. 길이 64자, 폭이 28자, 전면 5칸, 측면 3칸, 도합 15칸에 50평 공간을 갖춘 전형적인 2층 누각이다. 이 누각은 양반, 선비들이 풍류를 즐기거나 관찰사가 기생을 불러다 술잔치를 벌이던 곳이었다. 고려말 공민왕 10년(1361년), 북쪽에서 홍건적이 쳐들어와 왕이 경상도 안동까지 피신했다가 돌아오던 중 청주에 수개월 머문 적이 있었다. 그때 공민왕이 이곳에서 과거를 실시하면서 방을 이 누각에 내걸었다고 전해진다. 조선시대에 들어와 몇 차례 개축하였고 세조 때 청주목

사 이백상이 대대적으로 개축하면서 이 지방 출신 세도가 한명회(韓明會)가 와 보고는 이름을 '망선루'로 바꾸었다. 그런데 일제시대 성 안에 도청이 들어서면서 성벽과 그 안에 있던 옛 건물들을 허물고 일본식 건물을 지었는데 1921년, 일본식 검도와 유도를 연마하는 무덕전(武德殿)을 확장하면서 망선루도 헐렸다. 헐린 건물에서 나온 목재며 기와들이 도청 마당 한 구석에 쌓여 있었다.

이처럼 사라질 위기에 처한 '고려시대' 건물을 지킨 곳이 교회였

▲ 중앙공원으로 옮기기 전 망선루

▲ 망선루 지붕. 오른쪽(겹처마)과 왼쪽(홑처마) 서까래 양식이 다르다.

다. 청주읍교회와 청남학교를 시작했던 김태희, 김종원, 김정현, 이호재 등 교회 청년들은 3·1운동 직후 청주기독청년회를 조직하고 민족 계몽과 야학운동을 전개하고 있었다. 민족의식이 강했던 이들은 망선루를 살리기로 하였다. 이들은 도 당국으로부터 쌓여 있던 자재를 구입하고 건물을 재건해서 사용할 수 있는 허가를 받았다. 교회 청년 학생들과 교인들이 건물 자재를 교회 구내로 옮겨 날랐다.

교회 구내에서 '부활' 된 망선루는 청남학교 교사로 사용되었다. 그 바람에 건물 모양도 많이 바뀌었다. 팔작지붕으로 꾸민 지붕 처마가 동, 서, 남쪽은 겹처마로, 북쪽은 홑처마로 되어 있어 '기형' 인 것이 눈에 띈다. 옮겨 짓는 과정에서 자재 부족으로 그렇게 된 것으로 추정된다. 뿐만 아니라 사방으로 시원하게 뚫려 있어야 할 누각이 벽돌과 유리 창문으로 사면이 막혀 있다. 지붕만 조선식일 뿐 건물 자체는 2층짜리 양옥과 흡사하다. 이는 건물 1층과 2층 공간을 교실로 꾸미면서 벽을 쌓았기 때문이다. 내부 또한 벽과 천정 대들보와 서까래를 페인트로 덧칠해 보기에 흉하다. 이리저리 전

깃줄이 얽혀 있고 깨진 유리창엔 비닐이 펄럭거리고 있다. 이 건물이 지닌 '기형미'(奇形美)의 압권(?)은 2층으로 올라가는 난간 옆에 있는 화장실이다.

"아마 전국 어디에도 고려시대 건물에 양변기가 들어앉아 있는 곳은 이곳밖에 없을 겁니다. 작년에 유네스코 문화재 위원들이 청주지역을 방문했어요. 그때 망선루를 보러 온다고 해서 얼마다 걱정했는지 모릅니다. 그들이 와서 5백 년이 넘은 고대 건물에 수세식 양변기가 놓여 있는 것을 보고 무슨 생각을 했겠습니까? 사정이 생겨 못 오게 된 것이 천만다행이지요."

청주제일교회는 수년째 망선루 처리문제로 골머리를 앓고 있다. 지은 지 60년이 되는 예배당을 다시 지어야 하는데 문화재로 지정된 망선루 때문에 새 예배당 위치 잡기가 어렵다는 것이다. 옮길 수도 허물 수도 없는 '문화재'이기 때문이다. 그렇다고 도에서 문화재로 지정한 후 건물 수리와 보존에 적극적인 자세를 취하는 것도 아니다. "문화재로 지정하였으니 손대지 말고 그대로 두어라."는 식이다. 전쟁 직후부터 청주제일교회에서 신앙생활을 시작하였고 한국신학대학을 졸업한 후 세광고등학교 교목과 교장을 거쳐 1983년 이후 청주제일교회를 담임하고 있는 이쾌재 목사는 누구보다 망선루 문제로 고심하고 있다.

"제 생각은 이렇습니다. 1921년에 일본 사람들에 의해 허물려 없어질 위기에 처한 망선루를 우리 교회에서 지켜 70년 넘게 보호했으니 이제 다시 가져가라는 겁니다. 이곳이 본래 위치가 아닐 뿐더러 건물 모양도 본래 모습이 아니잖습니까? 옛날 객관이 있던 자리, 즉 지금의 중앙공원으로 다시 옮겨 본래 누각 모습으로 복원하라는 겁니다. 그런데도 도 당국에서는 예산이 없다, 문화재 위원들의 심의가 복잡하다, 이런 저런 핑계를 대며 움직이지를 않습니다."

없어질 뻔한 유적을 되살려 70년 넘게 지켜오다가 이제 그대로 돌려주겠다는 데도 받을 쪽에선 마뜩잖아 하는 모양이다. 우리 문화재 당국의 의식 수준이 이만하다. 그래서 그런지 '애물단지'로 변한 망선루를 보는 마음이 망선루와 예배당 사이의 좁은 공간만큼이나 답답하다.

▲ 로간 부인 기념비

로간 부인 기념비

답답한 가슴을 쓸며 예배당을 돌아 나오다 보면 마당 입구 쪽에 야트막한 비석 하나가 오롯이 서 있다. 청주에선 가장 오래된 '한글 비석'으로 알려진 '로간부인긔렴비'다. 1921년 6월 1일에 건립된 이 비석은 1919년 12월 7일에 별세하여 서울 한강변 양화진에 묻힌 장로교 여선교사 로간(J. V. Logan) 부인을 기념해서 건립된 것이다. 로간 부인은 미국 켄터키 출신으로 남편은 켄터키 센트럴대학 학장이었으며 로간 부인도 센트럴대학 기독교청년회와 여자기독교청년회를 지도하였다. 남장로회 첫 한국 선교사였던 벨(E. Bell)이 그의 지도를 받은 학생이었다. 그런 연유로 해외 선교에 관심을 갖고 있던 중, 1908년 남편이 죽자 한국 선교를 자원하여 1909년 3월에 내한하였다. 그때 나이 53세였다. '자비량 선교사'로 와서 처음엔 벨의 선교 지역인 목포와 광주에서 활동하다가 곧바로 북장로회의 요청을 받아 청주로 옮겨 10년 동안 청주지역 여성 선교를 전담하였다. 탑동에 있던 로간 부인의 방문 앞에는 적게는 열 켤레, 많을 때는 마흔 켤레 이상 짚신이 놓여 있었다고 한다. 청주 여성들에게 로간 부인은 언제든 찾아가 만날 수 있는 '자애로운 어머니' 였다.

이는 청주 교인들이 새긴 기념비문에서 잘 드러난다.

아메리가나신부인됴션에건너오셔
봉승ᄒᆞᆫ상뎨명영진츙갈역ᄒᆞ엿네
우리민족구원ᄒᆞ려교육구제힘다ᄒᆡ
십이년여일종ᄉᆞ됴션별셰텬당으로

띄어쓰기가 되어 있지 않은 한문투 글인데 한문을 섞어 요새 글로 정리하면 다음과 같다.

아메리카[에서] 나신 **婦人 朝鮮**에 건너오셔[서]
奉承한 **上帝 命令 盡忠渴役**하였네
우리 **民族 救援**하려 **教育救濟** 힘 다해

十二年 如一從事 朝鮮[에서] 別世 天堂으로

이쾌재 목사가 에피소드 하나를 들려준다.

"어떤 천주교 신부가 한번은 여기 와서 비문을 보더니, 옛날 이곳이 천주교 신부가 와서 순교한 유적지라고 하더군요. 조선시대 이곳에 있던 감옥에 천주교 신자들이 갇혀 있다가 순교당했다는 사실은 알고 있었지만 천주교 신부가 죽은 곳이라고는 생각한 적이 없어 의아했는데 알고 보니 그 신부가 띄어 읽기를 잘못해서 첫 문장을 읽은 거더군요. '아메리가 나신 부인 조선에 건너 오사' 하고 읽어야 하는데, '아메리가나 신부인 조선에 건너 오사' 라고 읽어 '아메리가나' 라고 하는 신부가 조선에 와서 활동하다가 죽은 것으로 해석한 겁니다."

그래서 한동안 천주교 신자들이 이곳을 '성지' 로 알고 찾아 왔다고 한다. 옛 글 읽기에 익숙지 않았던 한 신부의 오해로 빚어진 해프닝이었다. 하긴 천주교 신자들이 개신교 선교사 순직 기념비에 와서 기도하고 간 일이 에큐메니칼운동 차원에서 볼 때 그리 나쁜 일은 아닐 것이다. 비록 '신부가 죽은 곳' 은 아니지만 기미박해(1799년) 때부터 병인박해(1866년) 때까지 충청도 천주교인 수십

명이 이곳에 있던 병영 감옥에 갇혀 있다가 죽었으니 천주교 '순교 성지' 인 것만은 사실이다.

"천주교 순교자들이 피를 흘린 터 위에서 이루어진 개신교 선교의 결과가 우리 교회 아닙니까? 남들은 청주에서 땅 값이 제일 비싼 이곳을 팔고 바깥으로 나가면 훨씬 넓은 곳에서 큰 예배당을 지을 수 있는데 좁은 시장 가운데서 낡은 예배당을 고집하고 있다며 우리를 보고 어리석다고 하지만 우리는 역사적, 교회사적 의미가 깊은 이곳을 지킬 겁니다. 그래서 새 건물을 지을 때도 옛날 벽돌 예배당을 건드리거나 가리지 않고 지으려 애쓰고 있습니다."

은퇴를 3년 앞둔 이쾌재 목사의 결심이 대를 이어 지켜지기를 기도하면서 나그네는 이정표 같이 서 있는 '로간 부인 기념비' 를 지나 선교사들이 살던 탑동 '양관' (洋館) 동네로 발길을 옮긴다.

뒷이야기

중앙공원에 옮겨진 망선루 ▲

마침내 청주 문화재 당국이 움직였다. 청주제일교회와 청주시 역사학자, 문화운동가들의 계속되는 탄원에 마침내 청주시는 망선루를 중앙공원으로 옮기기로 결정한 것이다. 청주제일교회로부터 망선루 건물 소유권을 이양 받는 형식으로 망선루를 떠맡은 청주시 당국은 1999년 가을에 망선루를 해체하기 시작하여 1년 만에 중앙공원에 옮겨 복원하였다. 그러면서 청주시는 청주제일교회 예배당 뒤편, 망선루가 있던 자리에 그동안 망선루가 겪어야 했던 수난의 역사를 적은 '기념비'를 세워 놓았다.

골치 아팠던 망선루 문제가 해결되자 청주제일교회에서는 서둘

▲ 망선루가 있었던 자리 표석

러 '교회창립100주년기념관' 건축 공사에 착수했다. 청주 개선 선교사 밀러의 이름을 따 '민노아기념관' 이라 부르기로 한 기념관은 연건평 4백여 평 되는 3층짜리 건물로 교육, 행정, 친교, 세미나 등 다용도 시설로 활용할 계획이다. 위치는 망선루와 목사관이 있던 자리로 하고 2001년 3월 공사를 시작하여 2003년 가을 공사를 마쳤다.

언덕 위의 서양집

– 청주 선교부의 양관 건물들 –

1998년 〈기독교사상〉에 이 글을 쓰고 난 후 신대교회를 비롯하여 청주지역 교회사 유적지를 답사할 기회가 많았고 그 과정에서 청주지역 교회사 발굴과 정리 작업에 깊은 관심을 두고 있던 연구자들을 많이 만났다. 청주제일교회의 이쾌재 목사님을 비롯하여 그 교회 최동준 장로, 그리고 청북교회의 안재명 장로와 충북대학교 사학과 전순동 교수 등이 답사 때마다 많은 도움을 주었다. 그 중에도 이쾌재 목사님은 충북 지역 초기 선교 자료를 모아 『충북노회 사료집』(1999년)을 펴내 충북 지역 기독교사 연구의 기본 자료를 정리하였다. 이 분들이 중심이 되어 1999년 '충북기독교사연구회'(회장: 최동준, 총무: 전순동)가 조직되어 충북 지역 교회사와 관련된 연구와 선교 유적지 답사, 자료집 발간 등 다양한 분야에서 활발하게 움직이고 있으며 2002년에는 충북기독교선교100주년기념사업회 이름으로 방대한 분량의 『충북기독교백년사』(전순동 집필)를 발간하였다. 충북(충주) 출신인 나로서는 더없이 반가운 일이다.

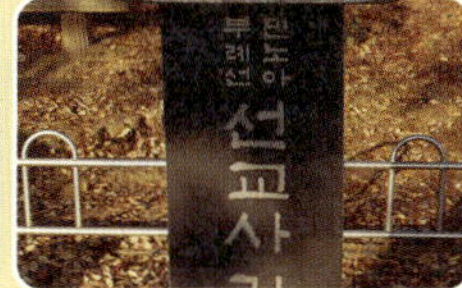

충청도에서 찾아보기!

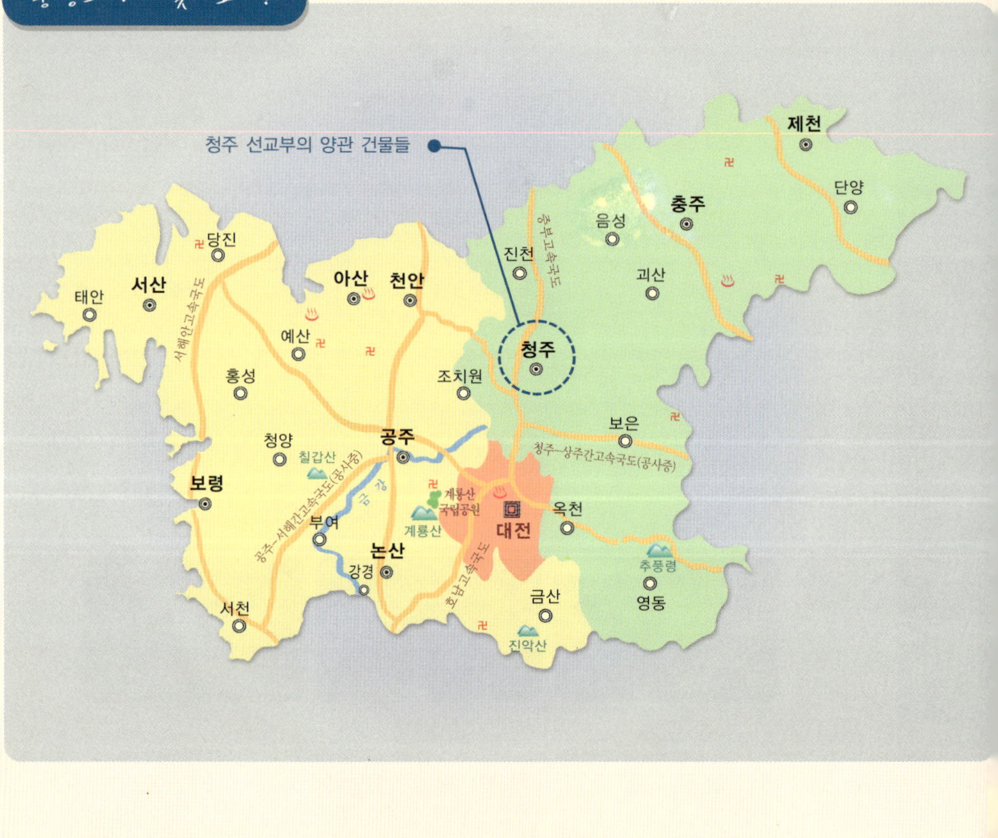
청주 선교부의 양관 건물들
제천
단양
충주
음성
진천
중부고속국도
괴산
당진
서산
태안
아산
천안
예산
서해안고속국도
청주
조치원
홍성
보은
청주-상주간고속국도(공사중)
청양
칠갑산
공주
보령
공주-서해간고속국도(공사중)
금 강
계룡산 국립공원
계룡산
대전
옥천
부여
논산
강경
호남고속국도
추풍령
영동
금산
서천
진악산

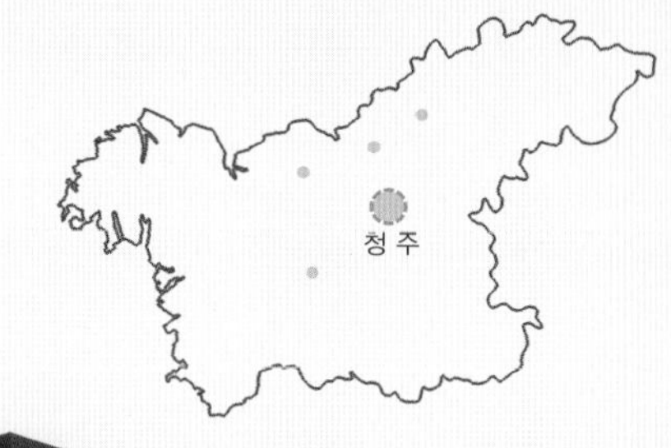

언덕 위의 서양집
– 청주 선교부의 양관 건물들

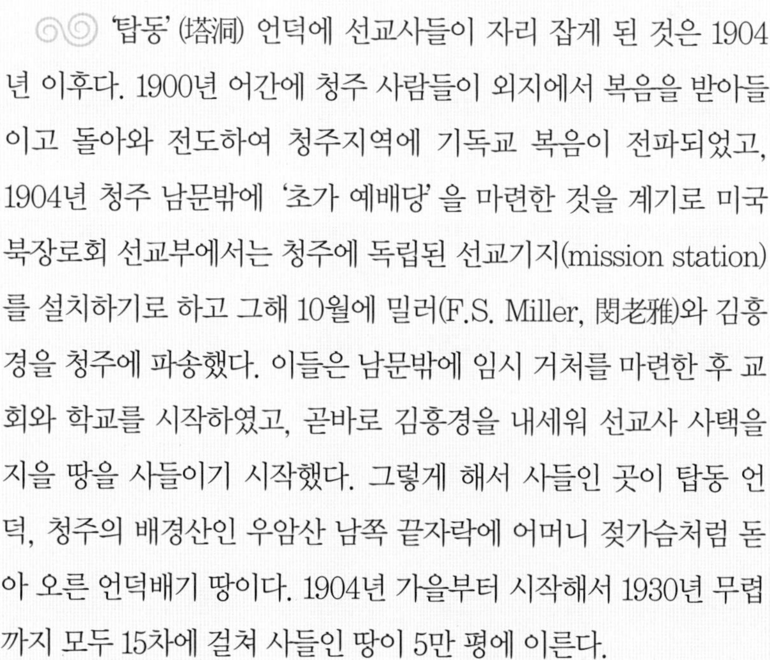

'탑동'(塔洞) 언덕에 선교사들이 자리 잡게 된 것은 1904년 이후다. 1900년 어간에 청주 사람들이 외지에서 복음을 받아들이고 돌아와 전도하여 청주지역에 기독교 복음이 전파되었고, 1904년 청주 남문밖에 '초가 예배당'을 마련한 것을 계기로 미국 북장로회 선교부에서는 청주에 독립된 선교기지(mission station)를 설치하기로 하고 그해 10월에 밀러(F.S. Miller, 閔老雅)와 김흥경을 청주에 파송했다. 이들은 남문밖에 임시 거처를 마련한 후 교회와 학교를 시작하였고, 곧바로 김흥경을 내세워 선교사 사택을 지을 땅을 사들이기 시작했다. 그렇게 해서 사들인 곳이 탑동 언덕, 청주의 배경산인 우암산 남쪽 끝자락에 어머니 젖가슴처럼 돋아 오른 언덕배기 땅이다. 1904년 가을부터 시작해서 1930년 무렵까지 모두 15차에 걸쳐 사들인 땅이 5만 평에 이른다.

지금은 복개 공사로 하수구처럼 변했지만 옛날에는 사금(砂金)이 많이 나왔다 해서 '쇠내 개울'이라 불렀던 금천(金川)이 이 마을을 끼고 돌아 무심천으로 흘러든다. 그리고 이 개울을 따라 돌며 산자락에 초가집들이 듬성듬성 자연부락을 이루고 있었다. 그런 탑동에 선교사들이 들어오면서 없던 철조망이 쳐졌고 그 안에 낯선 집들이 들어섰다. 탑동 '양관'(洋館)은 모두 여섯 채인데 6·25전쟁과 근대화 풍랑에도 용케 살아남아 1983년 충청북도 유형문화재(133호)로 지정되었다. 그중 네 채는 예장통합측 재단에서 운영하고 있는 탑동 185번지 소재 일신여자중고등학교 안에 있고 두 채는 학교 바깥에 있다.

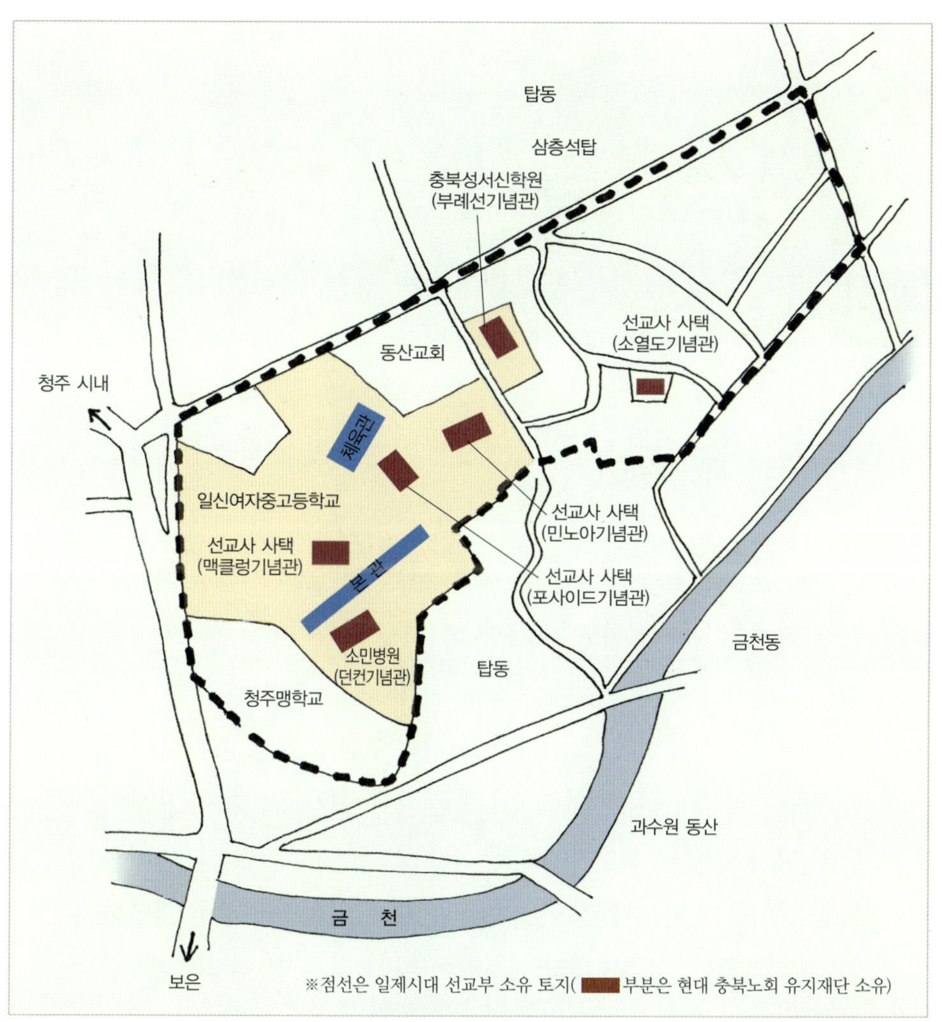
탑동
삼층석탑
충북성서신학원
(부례선기념관)
동산교회
선교사 사택
(소열도기념관)
청주 시내
체육관
일신여자중고등학교
선교사 사택
(민노아기념관)
선교사 사택
(맥클렁기념관)
본관
선교사 사택
(포사이드기념관)
금천동
소민병원
(던컨기념관)
탑동
청주맹학교
과수원 동산
금 천
보은
※점선은 일제시대 선교부 소유 토지(부분은 현대 충북노회 유지재단 소유)

▲ 청주 탑동 선교부 양관

▲ 1906년에 지은 최초의 양관, 포사이드 기념관

언덕 위에 지은 양관

밀러는 아내와 세 아이가 청주로 내려오는 1905년 여름부터 집을 짓기 시작하였다. 처음엔 방 여섯 개짜리 초가집 한 채를 지었고 다시 얼마 후, 방 다섯 개짜리 기와지붕 한옥 두 채를 지어 임시 거처로 사용했다. 그러다가 1906년 여름에 지하실이 딸린 단층 벽돌 서양식 집을 지었다. 이 집은 미국 시카고에 있던 포사이드(H.M. Forsyth) 부부가 보내준 3천 달러로 지은 것이다. 기와와 벽돌은 이곳에 있는 흙을 구워 만든 것이며 건물 기단부를 형성하고 있는 돌들은 청주읍교회 예배당이 자리 잡은 옛 영장(營將) 관사를 두른 성채와 그곳에 있던 감옥 건물에서 나온 것이다. 그래서 밀러는 이 집을 지으면서, 반 세기 전 천주교인들을 가두고 고문했던 감옥의 문지방 돌을 새로 지은 집의 현관 출입 계단으로 사용하게 된 것에 특별한 의미를 부여하였다.

청주 시내가 내려다보이는 탑동 언덕 위에 세워지는 '양관' 은 청주 사람들에게 좋은 구경거리였다. 어떤 날에는 하루에 5백 명이 넘는 구경꾼들이 몰려왔다고 한다. 이 집이 완성될 즈음인 1906년 6월에 큰 홍수가 났다. 무심천 뚝방이 붕괴되고 청주시내가 물에 잠겨 가옥 4, 5백 채가 소실되고 50여 명이 물에 빠져 죽은 '병오년 물난리' 였다. 이때 이재민 2백여 명이 탑동 언덕으로 피난하였는데 밀러는 이들에게 '양관' 과 선교사 집들을 제공하고 먹을 것을 대 주었다. 이 홍수 난리를 겪은 후, 탑동 선교사에 대해 부정적이던 청주 사람들의 생각이 많이 바뀌었다. 도목수로 일하던 이동욱이 교인이 된 시기도 이 무렵으로 그는 후에 청주읍교회 장로가 되었다.

이렇게 탑동 양관 중에 가장 먼저 지어진 이 집은 일신여학교 본관과 체육관 사이 언덕 숲 속에 자리 잡고 있다. '충청북도 유형문화재 제133-4호' 로 지정된 이 집은 지금도 학교에서 '컴퓨터실' 과 '미술실' 로 사용하고 있다. 집 내부를 교실로 꾸미면서 여러 차례 뜯어 고쳐 선교사들의 살림집 분위기는 전혀 나지 않는다. 겉에서 보면, 붉은 벽돌 벽에 유리 창문을 고딕식으로 치장한 것을 빼고는 단층 일자형 건물과 조선 기와지붕, 조선식 처마 장식, 주춧돌과 층계 돌 꾸밈 등이 전통 한옥과 흡사하다. 그래서 이 집이 탑동에 있는 양관 중에 가장 '한국적인 서양 건물'이다.

탑동에서 가장 오래된 양관인 이 집의 첫 번째 주인은 물론 밀러 가족이었다. 그러나 1910-11년에 2층짜리 다른 양관들을 짓고 밀러 가족이 새 집으로 이사한 후 이 집엔 주로 독신 선교사나 초년병 선교사들이 들어와 살았다. 1910-20년대에 카긴(E. Kagin, 계군), 쿡(W. T. Cook, 국유치) 등이 살았고 일제말기와 해방 후엔 언더우드(J. Underwood, 원요한), 헌트(B. F. Hunt, 한부선), 클라크(A. D. Clark, 곽안전) 등이 살았다. 그리고 집 앞에 이 집의 첫 번째 주인이었던 밀러 선교사의 묘비가 있다. 밀러는 1892년 나이 스물여섯에 한국에 와 서울에서 정동 '예수교학당'(현 경신중고등학교)을 맡아보다가 1895년 이후 경기 동남편 전도를 개척하였고, 1904년에 청주로 옮긴 후 1936년 별세하기까지 청주를 떠나지 않았던 청주 선교의 '대부'였다. 금주운동과 쪽복음과 문서 전도에 남다른 열정을 갖고 있던 그에 얽힌 이야기들이 많이 남아 있다. 그는 성격이 단순하고 솔직했다. 그를 기억하고 있는 몇 안 되는 청주 교인 중 한 사람인 홍청흡 장로의 증언이다.

"주일 예배 때 장로가 대표 기도를 정도 이상으로 길게 하면, 민노아 목사는 기도하는 도중이라도 큰 소리로, '이 장로, 기도 그만 하오. 그런 식으로 기도하면 아니 되오.' 하고 기도를 중단시켰지요. 한국인들을 상대로 성경을 가르치다가 설명하기 어려운 대목이 나오면 주저 없이, '이 문제, 나 모르오.' 하고 솔직하게 말했습니다. 자존심 강한 선교사들에게 찾아보기 어려운 솔직한 면이 그에게 있었어요."

본래 그의 무덤은 개울 건너 금천동과 수원 동산에 있었으나 1980년대 말 금천동 땅이 일반인에게 팔리면서 묘비를 탑동으로 옮겨 왔다. 그러면서 1926년에 별세한 퍼디(J. G. Purdy, 부례선)와 1922년에 죽은 솔토우 선교사의 두 살짜리 아들(T. G. Soltau)의 묘비도 함께 옮겨 왔다. 제일 바깥쪽 '민노아, 부례선

▲ 민노아, 부례선 선교사 기념비

선교사 기념비' 는 1984년에 청주지역 '한국기독교선교100주년기념사업위원회' 에서 건립한 것이다.

소민병원과 언덕 우물

1904년에 밀러가 청주에 부임한 후 한동안 후속 선교사 파송이 이루어지지 못했다. 1905년 가을에 홀(E. F. Hall) 부부와 맥리어(H. McLear)가 청주 선교사로 임명 받았으나 이들은 건강 때문에 부임도 못하고 한국을 떠났다. 1907년 봄에 의사인 눌(M.M. Null) 부부가 청주에 왔으나 역시 건강 때문에 3개월 만에 떠났다. 그해 가을에 카긴 목사가 부임하고, 1908년이 되어 의사 퍼비안스(W. C. Purviance) 부부와 쿡 목사 부부, 그리고 여선교사 도리스(A.S. Doriss)가 부임하면서 비로소 선교부 골격을 갖추게 되었다. 이듬해 여선교사 데이비스(G. Davis)와 로간(J. V. Logan) 부인이 합류하면서 여성 선교도 활발하게 전개되었다.

이처럼 선교사 가족이 늘어나고 병원 시설이 필요하게 되자 탑동에 2차 '양관' 건축이 시작되었다. 우선 시급한 것이 병원 건물

소민병원으로 쓰였던 양관, 던컨기념병원▲

이었다. 마침 1908년 미국의 던컨(J.P. Duncan) 부인이 병원 건축비로 5천 달러를 헌금하였다. 그리하여 1910년 4월에 병원 건물의 기초를 닦고, 1911년 1월에 우선 진료실을 지었으며, 1912년 7월에 전체 건물을 완공했다. 던컨 부인은 내부 의료 시설을 위해 2천 달러를 더 보내 주었다. 조선기와지붕에 지하 1층, 지상 2층의 붉은 벽돌집인 이 건물에는 진료실과 수술실이 갖추어져 있었고 1905년에 밀러가 지은 기와집 한옥 두 채는 입원실로 쓰였다. 이로써 선교사들 사이에는 '던컨기념병원' (Duncan Memorial Hospital)으로, 한국인들에게는 '소민병원' (蘇民病院)으로 불리던 청주 최초의 서양 병원이 탑동 언덕에 자리 잡게 되었다. 그러나 마땅한 교통수

▲ 매클렁기념성경학원 건물

단도 없던 때에 병든 환자들이 가파른 언덕길을 올라 병원까지 오기란 힘든 일이었다. 그래서 1918년에 청주읍교회 구내에 시내 진료소를 차렸고 탑동 건물은 주로 입원실로 쓰였다.

그러나 '충청북도 유형문화재 제133-6호'로 명명된 소민병원 건물도 현재는 일신여학교 간호실, 상담실, 선교실로 쓰이고 있다. 지금은 이 건물을 가로막고 지어진 일자형 3층짜리 본관 건물 때문에 미관이 상했지만, 언덕 남쪽 모서리에서 이 건물을 보면 그 옛날 청주시내가 한 눈에 내려다보이던 이곳 탑동 언덕 위에 솟아 있었을 병원 건물의 위용을 쉽게 짐작할 수 있다. 그런데 이 건물은 지금 남아 있는 '탑동 양관' 건물 중 가장 낡은 상태로 방치되어 있다. 다른 건물들은 도에서 수리비가 나와 지붕이라도 새로 해서 올렸는데 아직 이 건물은 도의 재정 형편 때문에 그런 혜택을 받지 못하고 있다. 일제시대 올린 기와가 깨지고 처마 귀퉁이가 허물어져 내린 것이 흉가 분위기다.

이 병원 건물과 같은 시기에 선교사 사택용 양관 두 채가 더 지어졌다. 하나는 1906년에 지어진 양관 아래 남쪽에, 다른 하나는 뒤편 북쪽 언덕 위에 각각 자리 잡았다. '충청북도 유형문화재 제133-5호' 로 명명된 남쪽 건물은 본래 성경학원 건물로 쓰려고 지은 것이다. 밀러는 토착 전도인 양성을 위한 성경학원에 깊은 관심을 가졌고 독자적인 학교 건물을 마련하기 위해 노력하였다. 마침 1910년에 미국 켄터키주 위치타에 살던 매클렁(J. S. McClung) 부부가 해외선교를 꿈꾸다 죽은 두 아들을 기념하여 보낸 8백 달러를 기반으로 '매클렁성경학원' (McClung Bible Class Building)을 지었다. 그러나 이 건물은 1910년대 급격하게 늘어난 선교사들의 살림집으로 사용되는 바람에 학교 구실을 하지 못했다. 이 건물에는 주로 소민병원 의사와 간호사, 그리고 독신 여선교사들이 살았다. 퍼비안스의 뒤를 이어 팁톤(S. P. Tipton)과 맬콤슨(O. K. Malcomson) 부부, 그리고 1929년에 부임한 후 1956년까지 활약한 로우(D. S. Lowe, 로두의) 등 의사 부부가 이곳에서 살았으며 데이비스와 로간 부인의 뒤를 이은 에드거튼(F. Edgerton, 예가전), 존슨(O. Johnson, 조운선), 에스텝(K. M. Esteb, 예사탑), 데이비(M. C. Davie, 도민희) 등 여선교사들도 이곳에 살았다. 이 건물 역시 지붕은 회색 조선기와로 올렸고 1층 기단부는 흰색 화강암으로 쌓고 벽면을 붉은 벽돌로 처리하면서 고딕형 창문을 내, 색깔과 형태의 조화가 아름답다. 지금은 일신여학교 직장민방위대 사무실이 들어 있다.

같은 시기 뒤편 언덕에 지은 '충청북도 유형문화재 제133-3호' 건물도 지하 1층에 지상 2층 건물인데 지붕 장식이 전통 한옥의 '다각'(多角) 지붕 형태를 취하고 있는 것이 눈에 띈다. 역시 조선기와와 붉은 벽돌, 화강암 기단을 사용하고 있다. 지금은 일신여학교 생활관으로 쓰이고 있는데, 일제시대엔 밀러 가족이 오랫동안 살았고 일제 말기와 해방 후에는 디캠프(E. O. DeCamp, 감의도), 스펜서(K. W. Spencer, 서길모), 램프(H. W. Lampe, 남행리) 등이 살았다. 이 건물 앞쪽에 지금은 시멘트로 봉해버린 우물이 있다. 선교사들이 청주에 와서 겪은 어려움 중에 하나가 식수 문제였다. 처음엔 선교사들도 한국 사람들처럼 개울물을 길어다 먹었다.

▲ 밀러 가족이 살았던 양관의 앞모습

▲ 밀러 가족이 살았던 양관의 뒷모습

▲ 선교사들이 쓰던 언덕 위의 우물, 지금은 폐쇄되었다.

그러나 병원에서 쓸 물이 문제였다. 위생 문제를 걱정한 선교사들은 탑동 언덕에 우물을 파기로 했다. 그러나 언덕 꼭대기에 우물을 파려니 비용이 많이 들었다. 이런 사정을 들은 뉴욕의 코핀(H. B. Coffin) 박사 부부가 '선교부 우물 공사비'로 1백 달러를 보내 왔다. 그래서 이 언덕 위에 우물이 생긴 것이다. 평지나 계곡 우물에 익숙했던 청주 사람들에겐 언덕 꼭대기 우물도 신기한 구경거리였다.

구름다리 너머 양관

나머지 양관 두 채는 탑동 언덕 북쪽 금천동으로 넘어가는 고갯길 건너편에 있다. 1970년대 이 지역이 개발되고 많은 민가가 들어서면서 철거되었지만 1960년대까지만 해도 이 고갯길 위로 선교사들이 놓은 구름다리가 있어 양관과 양관을 연결시켜 주었다. 일제시대 탑동 양관 동네 구름다리는 청주 사람들의 구경거리였고 누구나 그 다리를 한번 건너보고 싶어 했다. 구름다리는 탑동

▲ 부례선 목사 기념 성경학원, 현재 충북성서신학원으로 사용

92-94번지에 위치한 '부례선 목사 기념 성경학원' 건물로 연결되었다.

이미 앞서 언급한 대로 1910년에 성경학원 건물을 지었으나 선교사 사택으로 쓰는 바람에 성경학원은 청주읍교회 예배당이나 탑동에 있는 한옥 건물들을 빌려 운영되었다. 그러나 1920년대 들어 학생 수가 급증하자 독자적인 건물이 필요하였다. 그러던 중 퍼디 선교사가 1926년 5월, 황간으로 가서 전도하던 중 장티푸스에 걸려 목숨을 잃었다. 당시 나이 29세, 한국에 온 지 3년 만이었다. 그의 희생을 기리는 미국 고향교회 친지들의 헌금과 퍼디 부인의 호소로 미국 교회에서 실시한 크리스마스 헌금 등이 모아져 1932년에 비로소 그를 기념하는 성경학원 건물이 완성되었다. 다락까지 포함하면 지하 1층, 지상 3층에 'T자형' 인 이 건물은 탑동 양관 중 유일한 함석 지붕으로 보존 상태도 가장 양호하다. '충청북도 유형문화재 제133-2호' 로 지정된 이 건물은 지금도 예장 통합 충북노회 유지재단 소유로 충북성서신학원이 사용하고 있다.

탑동의 마지막 양관은 탑동 94-17번지, 성경학원 남동쪽 언덕에 있는데 집을 찾기가 쉽지 않다. 골목길이 복잡할 뿐 아니라 주위에 2, 3층짜리 양옥들이 빽빽이 들어서 있기 때문이다. 어렵사리 찾아간 양관은 현대식 철제 대문과 붉은 벽돌담에 갇혀 있고 집 네 귀퉁이에 사납게 짖어대는 개들이 있어 접근하기조차 어렵다. 1988년 이 집을 사서 내부 수리를 한 후 8년째 살고 있다는 집주인은 집 내력을 캐묻는 방문객이 귀찮다는 표정이 역력하다. 그는 이 건물의 내력이나 옛 주인에 대해서는 관심이 없었다. 어서 둘러보고 나가라는 식이다. 그래서 그런지 건물 바깥에 서 있어야 할 '충청북도 유형문화재 제133-1호' 안내판도 집안 담벼락에 비스듬히 눕혀 있다.

▲ 개인 소유로 넘어간 양관

탑동 양관 중에 건물 내력을 알 수 없는 것이 이 집이다. 조선식 기와를 올린 것으로 보면 함석지붕의 성경학원 건물(1932년 건축)보다는 앞선 것이 분명하고 화강암을 배제하고 붉은 벽돌로 현관이나 창문을 장식한 것을 보면 일신여학교 안의 양관 건물(1910-11년 건축)보다 나중에 지은 것이 분명하다. 강계에 있다가 1921년에 청주로 와 18년 동안 활약했던 솔토우(T. S. Soltau, 소열도)가 이 집에서 제일 오래 살았는데 그래서 그가 청주에 부임한 어간에 지어 진 것이 아닌가 추정된다. 일제시대 솔토우는 종종 도지사와 경찰서장을 비롯한 청주 유지들을 이 집으로 초청해 파티를 벌였다고 한다. 해방 후에는 성경학원 원장이었던 힐(H. J. Hill, 허일)이 살았다.

되찾아 주어야 할 이름들

탑동 양관 여섯 채는 1983년에 충청북도 유형문화재로 일괄 지정되었다. 그러면서 각 건물에 '제133-1호' 부터 '제133-6호' 까지 일련번호가 붙여졌다 건축 연도나 용도에 관계없이 동쪽부터 번호를 붙였다. 행정 편의적 발상이다. 더욱 한심한 것은 각 건물이 크기와 모양이 다를 뿐 아니라 건축 연대와 용도가 다른데도 여섯 개 안내판의 내용이 똑같다. 그 내용은 이렇다.

"20세기 초 청주에 개신교 선교활동이 시작될 때, 이곳에 주재한 미국 북장로교 소속의 선교사였던 민노아(F. S. Miller)가 이룩한 서구식 건물 도입초기의 서양식 건축이다. 주초석은 캐토릭 신도들이 박해받던 형무소의 화강석을 사용한 것이라 한다. 1907년부터 1932년 사이에 차례로 건립된 전체 6동의 건물은 붉은 벽돌 2

층 기와집이다. 지하실을 갖추고 있으며, 충북지역 선교활동의 중심이었다."

맞는 말도 있지만 틀린 말이 더 많다. 그 결과 함석지붕으로 된 성경학원 건물에 '기와집' 이란 안내판이 서 있고, 최초로 1906년에 지은 단층짜리 건물 앞에 '1907년부터 1932년' 사이에 지어진 '2층' 건물이란 안내판이 서 있다. '형무소 화강석' 을 주초석으로 삼은 건물도 1906년에 지은 단층 건물에만 적용된다. 이제라도 틀린 안내판을 고쳐야 할 것이다. 전에도 말했지만 '역사 바로 세우기' 는 멀쩡한 건물 부수는 것으로 되는 것이 아니라, 잘못된 안내판(기록)을 교정하는 것으로 시작해야 한다.

그리고 무엇보다 시급한 것이 탑동 양관들의 이름을 되찾아 주는 일이다. '제133-1호,' '제133-2호' 하는 식의 비인격적 칭호를 벗겨버리고 집에 얽힌 사람들의 이야기를 담은 인격적 칭호를 붙여주어야 할 것이다. 물론 처음부터 그런 인격적 칭호가 없었던 것은 아니다. 우선 소민병원으로 쓰였던 '제133-6호' 건물은 지어질 때부터 '던컨기념병원' 이라 했다. 따라서 '던컨기념관' 이라 할 수 있을 것이다. '제133-2호' 인 성서신학원 건물도 본래 이름인 '부례선기념관' 으로 불려야 한다. 본래 성경학원 건물로 지어졌다가 선교사 사택으로 쓰인 '제133-5호' 건물은 본래 이름대로 '매클렁기념관' 이라 불러야 하고, 탑동 양관 중 가장 오래된 '제133-4호' 단층 건물은 기증자의 이름을 따 '포사이드기념관' 이라 할 수 있을 것이다. 개인 소유로 바뀐 '제133-1호' 는 일제시대 이 집에서 오랫동안 살았던 솔토우 선교사를 기념하여 '소열도기념관' 이라 할 수 있을 것이고, 마지막 남은 '제133-3호' 건물에는 청주 선교의 개척자로 이 집에서 제일 오래 살다 죽은 밀러 선교사를 기념해 '민노아기념관' 이라 할 수 있을 것이다. 이 집 앞에 있는 봉쇄된 우물에도 공사비 기증자의 이름을 따 '코핀기념 우물' 이라 하면 어떨지?

청주 복음화와 근대화에 지대한 영향을 끼쳤던 선교사들은 '70년' 선교 사역을 마감하고 1960년대 말부터 서서히 탑동에 있던 선교부 재산들을 한국 교회와 기관에 넘겨주고 떠나갔다. 탑동 언덕의 양관들은 그런 선교사들의 삶과 의식의 흔적들을 담고 있다. 그러나 그들은 청주사람들에게 좋은 기억도 많이 남겼지만 그렇지 못한 기억도 많이 남겼다. 탑동 양관을 안내하던 홍청흠 장로가 헤

▲ 포사이드기념관과 묘지 동산

어지면서 던지듯 한 말이 지금까지 머리 속을 맴돈다.

"선교사들이 와서 좋은 일 많이 했지요. 교회와 병원, 학교를 세웠고 가난한 사람들에게 먹을 것을 주었지요. 그들이 이곳에 와서 헌신적으로 일한 것은 인정해 주어야 합니다. 또한 선교사들이 우리에게 주고 간 것이 참 많지요. 복음도 전해 주었고, 기술도 가르쳐 주었고, 땅도 주고, 집도 주고 갔지요. 그러나 딱 한 가지, 선교사들은 우리 한국인들에게 주지 않은 것이 있습니다. 마음입니다. 인종차별까지는 아니라도 백인 우월감만은 대단했습니다. 그래서 청주 시내가 내려다보이는 이곳 언덕 위에 자리 잡은 양관은 청주 사람들에겐 가까이 할 수 없는 그들만의 세계였지요."

청주 동부교회 순교기념비

탑동 양관 동네에서 내려와 다음으로 찾은 곳은 대성동으로 넘어가는 언덕에 위치한 청주 동부교회이다. 답사를 안내한 홍청흠 장로의 동생인 홍정흠(洪正欽) 목사가 1955년 개척 설립한 교회다. 홍정흠 목사는 청주제일교회 출신으로 일제말기 청남학교 재학 중 민족주의 교사 최창남의 지도를 받았는데, 우암산 신사에 청주시내 학생들이 동원되어 참배할 때 청남학교 학생들만 뒤로 돌아 서는 '불경스런'(?) 저항을 보여 이때 정학을 당하기도 했다. 해방 직후에는 '청년단'을 조직해서 '좌익하던 사람들에게 테러까지 했던' 우익 운동에 적극적으로 참여하였고 1970-80년대에는 청주지역 민주화 투쟁에 적극 참여하여 수차례 투옥되었던 '투사형' 목사였다. 해방 직후 우익 정치운동에 가담했다가 전쟁 후 한국신학대학교에 들어가 신학을 공부한 후 청주제일교회에서 설립 운영하던 세광(世光) 중고등학교 교목으로 오랫동안 봉직하였는데 동부교회는 세광학교가 대성동에 있던 시절, 학교 강당에서 출발한 교회다.

1971년 6월, 청주 동부교회 앞마당에 세워진 순교기념비는 비석을 세운 주체를 '순교자기념사업위원회'라 표기하고 있지만 홍정흠 목사 개인적 의지로 세워진 것이라 할 수 있다. 이 순교비는 일제말기와 6·25 전쟁 중 희생된 충북노회 출신 세 순교자를 기념한 것이다. 즉, 경북 영덕 출신으로 충북노회 연풍교회에서 목회하다가 일제말기 신사참배를 거부하고 1944년 대전형무소에서 옥사한 허원훈 목사, 청원 출신으로 해방 후 청주 형무소 형목으로 있다가 1950년 6·25전쟁 중 퇴각하는 공산군에게 무심천에서 피살당한 곽경한 목사, 역시 보은 출신으로 청안교회에서 시무하다가 6·25 전쟁 중 공산군에게 피살된 전용섭 목사 등이 그 주인공이다.

2미터 크기의 정육면체 오석(烏石)을 세 개의 원형 화강암 돌이 받치고 있는데 세 순교자와 삼위일체를 상징하는 것이기는 하지만 형식과 위치가 어울리지 않는다. 비명(碑銘)을 새겨야 할 비석 전면에 세 순교자의 이름과 간단한 약력이 새겨져 있고 비음기(碑陰記)를 새겨야 할 뒷면에는 청주지역 복음 전래의 역사와 일제시대

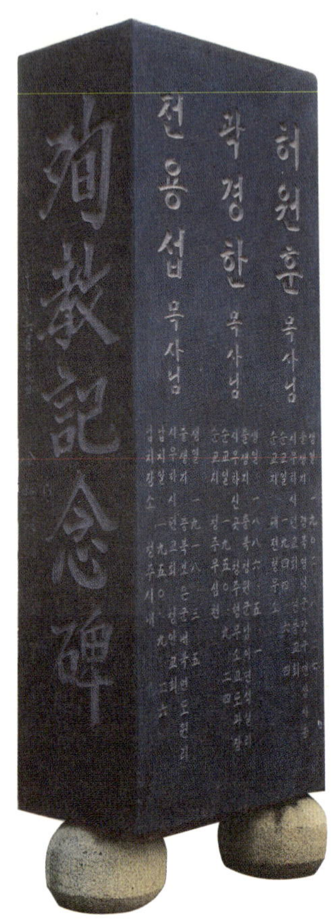

▲ 순교기념비

교회 수난의 역사, 6·25전쟁과 순교의 역사를 기록하고 있다. 순교비의 모양이나 앉은 자세가 전체적으로 어색하고 어딘지 억지가 느껴지는 것을 막을 수 없다. 그 대표적인 예가 비석 전면에 가야 할 '순교기념비'란 '비명'(碑銘)이 비석의 건립 과정을 새겨야 할 측면에 새겨져 있는 것이다.

비명 글씨는 '충청도를 대표하는 정치인' 김종필(金鍾泌)이 썼다. 40대 한창 때 쓴 글씨라 힘이 있으면서도 '충청도 선비'의 여유를 느낄 수 있다.

비록 홍정흠 목사의 개인적 의지에서 추진되어 건립된 순교비이고, 그 과정에서 무리가 따랐으며 그 때문에 잡음이 없었던 것은 아니지만 '조용하기만 한 선비들의 고장'인 청주에서 민족 수난기

저항과 수난의 역사적 기록을 남기려 했던 홍 목사의 의지만은 높이 평가 받을 만하다. 그런 의지가 없었다면 이런 비석도 없었을 것이고 순례자들이 청주 시내와 무심천 개울이 한 눈에 내려다보이는 이곳 언덕에 오를 이유도 없었을 것이다.

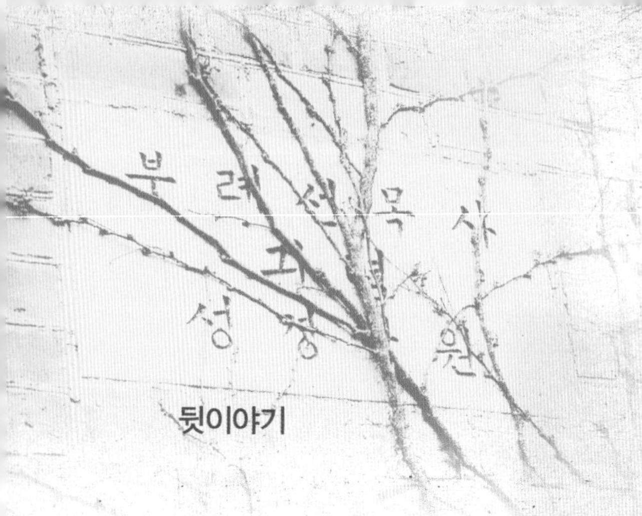

뒷이야기

선교사들이 살던 양관에 "비인격적인 번호 대신 이름을 붙여주자."는 나의 주장에 일신여중학교 교장을 역임하신 안재명 장로님이 호응하셨다. 유명한 안광국 목사의 조카이기도 한 안재명 장로님은 평생 일신여학교 교사로 봉직하였고 향토사학자로서 청주지역 교회사 정리에 심혈을 기울여 1999년 정년 은퇴 기념으로 『충청지역에 복음이 들어온 이야기』를 출간했다. 그는 이 책에 청주 선교부 양관에 대한 더욱 자세한 정보를 소개하면서 나름대로 양관에 '인격적' 명칭을 부여하였다. 내가 붙인 명칭과 다른 것은 133-5호 하나인데 나는 죽은 아들을 기념해 선교비를 대준 미국 교인의 이름을 따 '매클렁기념관'(133-5호)으로 지은 것을 안재명 장로님은 그 집에서 오래 살았던 선교사 이름을 따 '로위기념관'이라 하였다. 판단은 독자 몫이다. 아무튼 역사 발굴과 정리를 위한 안재명 장로님의 수고에 고마움을 느낀다.

이 글의 끝에 나오는 '청주동부교회 순교기념비' 부분은 본래 〈기독교사상〉에 연재할 때 없었던 것인데 청주 답사를 위해 첨부하였다.

역사 바로 세우기와 역사 파괴하기

– 삼일공원과 청주 성공회성당 –

1998년 〈기독교사상〉에 이 글을 쓰고 난 후 신대교회를 비롯하여 청주지역 교회사 유적지를 답사할 기회가 많았고 그 과정에서 청주지역 교회사 발굴과 정리 작업에 깊은 관심을 두고 있던 연구자들을 많이 만났다. 청주제일교회의 이쾌재 목사님을 비롯하여 그 교회 최동준 장로, 그리고 청북교회의 안재명 장로와 충북대학교 사학과 전순동 교수 등이 답사 때마다 많은 도움을 주었다. 그 중에도 이쾌재 목사님은 충북 지역 초기 선교 자료를 모아 『충북노회 사료집』(1999년)을 펴내 충북 지역 기독교사 연구의 기본 자료를 정리하였다. 이 분들이 중심이 되어 1999년 '충북기독교사연구회'(회장: 최동준, 총무: 전순동)가 조직되어 충북 지역 교회사와 관련된 연구와 선교 유적지 답사, 자료집 발간 등 다양한 분야에서 활발하게 움직이고 있으며 2002년에는 충북기독교선교100주년기념사업회 이름으로 방대한 분량의 『충북기독교백년사』(전순동 집필)를 발간하였다. 충북(충주) 출신인 나로서는 더없이 반가운 일이다.

충청도에서 찾아보기!

삼일공원과 청주 성공회성당

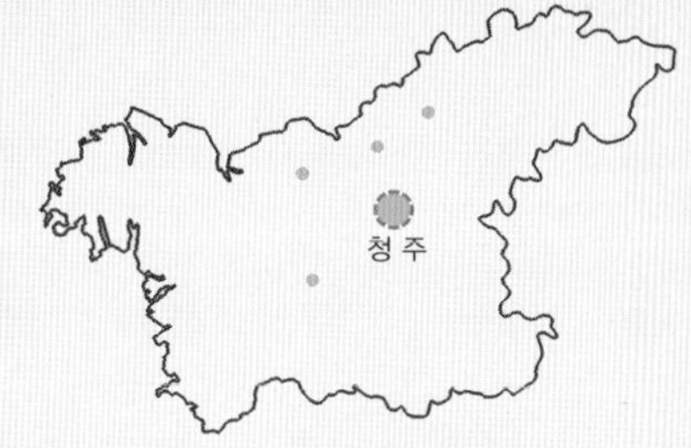

역사 바로 세우기와 역사 파괴하기
– 삼일공원과 청주 성공회성당

삼일공원의 정춘수 동상 자리

충북도청을 오른쪽으로 끼고 수동 골목으로 해서 우암산 순환도로를 올라가면 산 중턱 도로변에 위치한 삼일공원에 이른다. 1980년도에 충청북도에서 조성한 삼일공원에는 청주(청원군) 출신으로 삼일운동 때 민족대표로 참여했던 신홍식, 정춘수, 신석구, 손병희, 권병덕, 권동진 등 여섯 명의 동상이 있다. 청원군 가덕면 출신인 신홍식은 미감리회 목사로 평양 남산현교회에서 목회하다가 정주에서 내려온 이승훈을 통해 독립운동 소식을 듣고 민족대표로 참여하였고, 정춘수는 남감리회 목사로 원산에서 목회하다가 서울에서 기독교청년회 간사였던 박희도에게 소식을 듣고 참여하였다. 신석구는 남감리회 목사로 서울 수표교교회에서 목회하던 중, 정춘수와 오화영에게 소식을 듣고 참여하였다. 여기에 천

▲ 청주 성공회성당과 삼일공원

도교 대표 손병희와 권병덕, 권동진을 합하면 청주 출신만 6명이다. 민족대표 33인 중 단일 지역 출신 6명을 배출한 곳은 이곳 청주밖에 없다. 청주 사람들이 자부심을 가질 만하다. 그래서 그런지 소나무와 대나무 숲으로 둘러싸인 삼일공원에서 청주 선비들의 뿌리 깊은 민족의식과 자부심을 느낄 수 있다.

그런데 공원에 올라 동상들을 둘러보다가 제일 오른쪽 끝에 이르러 당혹하게 된다. 기단은 있는데 그 위에 있어야 할 동상이 없기 때문이다. 동상 없는 기단의 주인공은 정춘수이다. 처음부터 그의 동상이 없었던 것은 아니다. 1996년 1월까지만 해도 그 자리엔 왼손을 허리에 대고 당당하게 서 있는 양복 입은 신사 차림의 정춘수 동상이 서 있었다. 정춘수 목사는 3·1운동 이후 1930년대 초반까지만 해도 민족주의 노선을 견지하였다. 그러나 1935년 흥업구락부 사건에 연루되어 감옥에 들어갔다가 나온 후에는 노골적으로 친일 노선을 걸어 일제말기 가장 대표적인 친일파 종교인이 되었다. 특히 1940년 감리교 감독이 된 후에는 한국 교회의 일본 교회 예속을 추진하였고 1943년 소위 '혁신교단'이란 친일적 교단을 조직하여 일제의 종교정책에 적극 순응하는 비굴한 종교 지도자의 길을 걸었다. 그의 친일 노선에 반대하는 목회자들은 교회 밖으로

▲ 삼일공원의 민족대표 동상들(1995년).오른쪽 끝에 정춘수 동상이 보인다.

▲ 삼일공원의 민족대표 동상들(1997년).오른쪽 끝에 정춘수 동상이 보이지 않는다.

추방되었고 교회 재산을 처분하여 군용 비행기 헌금을 자진해서 바치기까지 하였다. 결국 이런 친일 행각 때문에 그는 해방 후 반민특위 재판에 회부되었고 더는 감리교회 안에 머물 수 없어 "참된 신앙을 찾았다."면서 가톨릭으로 개종하였다. 그러나 그것은 반민족 행위자의 변명일 뿐이었다.

이런 전력의 정춘수 동상에 대한 비난 여론이 일기 시작한 것은 1995년 2월이다. 문민정부가 중앙에서 '역사 바로 세우기'를 화두로 정치적 숙정작업을 벌이기 시작할 때였다. 청주에서도 5공, 6공 시절 청주지역 민주화 투쟁의 중추 역할을 했던 재야 '운동권' 세력이 주축이 된 충북지역 사회민주단체연대회의(대표:정진동 목사)는 '친일파' 정춘수의 동상을 철거하기로 하고 16개 재야 시민단체 회원들과 학생들을 동원했다. 그래서 1995년 3·1절의 삼일공원은 시위 학생들과 진압경찰 사이에 때 아닌 최류탄 공방으로 매운 공기에 휩싸였다. 정춘수 동상을 철거하라는 재야 시민단체의 집요한 요구는 1995년 6월에 실시된 지방자치 선거로 새로이 구성된 지방자치단체와 지방의회에 상당한 압력이 되었다. 그렇다고 도나 시에서 나서서 동상을 허물 입장도 못 되었고 예전처럼 공권력을 동원해 막을 수도 없었다.

이 문제는 언론을 통해 널리 알려졌고 청주뿐 아니라 전국적인 관심의 대상이 되었다. 중앙정부는 옛 총독부 건물로 쓰였던 중앙박물관 중앙 돔을 철거하는 것으로 '역사 바로 세우기' 작업의 대미를 장식하고 있었다. 그래서 1996년 2월 8일 또다시 청주지역 재야 시민단체 회원들이 동상 철거를 위해 삼일공원으로 올라갈 때, 경찰은 그길 양편으로 도열(?)하여 동상 철거를 묵인 방조하는 당국의 입장을 대변했다. 그리고 마침내 정춘수 동상의 목에 흰 광목이 둘러졌고 힘 한번 쓰자 동상은 땅에 떨어져 두 동강이 났다. 그 장면은 텔레비전을 통해 전국에 중계되었다.

정춘수와 신석구

그래서 지금은 그 자리가 비어 있다. 학생들이 붉은 페인트로 휘갈겨 써댔던 욕설은 지워졌지만 화강암 돌 틈 사이로 붉은 흔적이 남아 있어 그때의 '광적인 열기'를 느끼게 한다. 그래서일까. 살아남은(?) 나머지 동상들보다 없어진 동상 앞에서 느낄 것이 더 많다. 더욱 기분이 묘한 것은 바로 그 옆에 한복 두루마기 차림의 신석구 목사 동상 때문이다. 서당 훈장 출신인 신석구가 기독교로 개종하는 과정에서 고향 친구인 정춘수가 중요한 역할을 하였고, 그가 민족대표로 참여할 수 있었던 것도 남감리회측 대표로 활약하였던 정춘수의 권면 때문이었다. 그러나 3·1운동 이후 정춘수와 신석구의 가는 길이 갈렸다. 정춘수는 서울을 중심으로 '유명

▲ 1996년 2월에 철거된 정춘수 동상의 기단(오른쪽)과 왼쪽의 신석구 동상

세'를 타며 각종 종교 · 사회단체 활동에 적극 참여하였고 마침내 감리교회의 최고위직인 감독의 자리에까지 올랐다.

그러나 신석구는 출옥 후 '시골 목회자'의 길을 갔다. 남들이 가기를 꺼려하는 시골 교회로만 찾아다니며 목회하였고 해방 후에는 공산 정권의 협력 요청을 거부하고 투옥되었다가 6·25전쟁 중에 대동강가에서 퇴각하는 공산군에게 희생되었다. 정춘수가 감독이 되어 친일파의 길을 갈 때, 신석구는 진남포 교외 신유리에서 교인 몇 명 안 되는 교회를 지키고 있었다. 신사참배를 거부하며 일제에 협력하지 않는 신석구 목사에겐 시골의 작은 교회 자리만 났다. 그러나 신석구로서는 신사가 없는 시골 교회로 파송해 준 정춘수가 오히려 고마웠다. 그러면서도 고향 친구의 변절을 보며 누구보다 가슴 아파했다. 신석구가 정춘수에게 쇠고기 선물을 한 것이 이때다. 당시 동행했던 신석구 목사의 손자 신성균 장로(대구제일감리교회)의 증언이다.

"1944년 여름이라 기억됩니다. 당시 저는 춘천중학교 3학년이었는데 방학을 맞아 서울에서 할아버님을 만났습니다. 신유리에서 올라오신 할아버님은 고깃간으로 가시더니 쇠고기 두 근을 사시더군요. 당시 쇠고기는 구하기도 어려웠고 값도 비쌌지요. 할아버님은 그걸 가지고 정춘수 목사님 댁으로 가셨습니다. 저는 목사님 댁 골목 어귀에서 기다리고 있었어요. 한참만에 나오신 할아버님의 얼굴은 어두웠습니다. 혼잣말처럼 하시는 말씀이,

'허, 이 친구, 그러면 안 되는데… 그렇게까지 하면 안 되는데….'

하시는 거였습니다. 그때는 무슨 말씀인지 몰랐어요. 해방 후에야 노골적으로 친일노선을 걷는 친구를 말리기 위해 가셨다는 것을 알았습니다. 당시 정춘수 목사님은 혁신교단을 만들고는 예배 설교도 일본말로 하라, 구약 성경은 읽지 말라, 찬송가 중에도 내용이 불온한 찬송은 부르지 말라는 지시를 내리고 있었지요. 그 후 언젠가 할아버님은 종로에서 〈동양지광〉이란 친일 잡지를 내던 박희도 선생에게도 선물을 싸들고 가셨는데 그때도 그런 말씀을 하시더군요."

반민족(反民族), 비신앙(非信仰)의 길을 가고 있는 옛 친구에 대

한 시골 목사의 연민이 느껴지는 대목이다. 그래서 그런지 텅 빈 친구의 동상 기단을 옆에 두고 서 있는 신석구 목사의 동상은 삼일공원을 오른 후배 목사에게 한 마디씩 하는 것 같았다. 나는 그 말을 답사길에 동행한 감리교신학대학원생들에게 들려주었다.

"목회를 하든, 공부를 하든 처음보다 더 중요한 것은 마지막이야!"

그건 물론 나 자신을 향한 말이기도 했다.

언덕 위에 자리 잡은 청주 성공회 성당

삼일공원을 둘러보고 내려오는 길에 들릴 곳이 있다. 우암산 순환도로 입구에 있는 성공회 청주 수동교회 성당 건물이다. '역사 바로 세우기'로 인한 파괴 현장을 보며 느꼈던 착잡한 마음을 이곳에서 어느 정도 씻을 수 있기 때문이다.

성공회가 충청북도에 처음 들어온 시기는 1907년으로, 진천에 그 첫발을 내딛었다. 그 후 광혜원, 음성, 충주, 대소원 등지에 교회가 설립되었고 청주 근방에는 1909년 가곡리(청원군 오창면), 1911년 동산리(청원군 강서면), 1912년 묵방리(청원군 북일면)에 각각 교회가 설립되었다. 그러나 청주읍 성공회가 언제 시작되었는지는 분명치 않다. 다만 1922-4년 무렵 진천에 있던 휼렛(G. E. Hewlett, 류신덕) 신부와 리(A. W. Lee, 이도암) 신부가 청주읍에 임시로 머물 집을 마련하고 교인들을 지도한 것으로 미루어 1920년대 초반에 청주읍에 상당수 교인들이 있었던 것은 분명하다. 그리고 1920년대 이후 청주가 신도시 계획에 의해 새롭게 개발되고

▲ 청주수동성당

충북의 행정, 경제, 문화의 중심지가 되면서 성공회에서는 충북지역 선교 중심축을 진천으로부터 이곳 청주로 옮기기 위한 작업이 추진되었다. 이 같은 계획은 1930년에 조선성공회 4대 주교가 된 쿠퍼(C. Cooper, 구세실) 주교에 의해 본격적으로 추진되어 1932년에 수동 202번지 일대, 우암산 자락에 위치한 동산 언덕 부지 5천여 평을 '청주 중앙성당' 부지로 구입하였다. 그 해에 우선 사제관을 지은 후 진천에 있던 리 신부가 이곳으로 옮겨 와 성당 건축과 선교 사업을 주관하게 되었다. 언덕을 깎아 내리고 성당 건축을 시작한 것이 1934년 11월이고, 10개월 공사 끝에 1935년 9월 24일 쿠퍼 주교가 내려와 축성식을 집행하였다. 새로 지은 성당은 '성 그레고리성당'(St. Gregory Church)으로 불리게 되었다. 왜냐하면 영국 버밍햄에 있는 세인트그레고리교회 교인들이 청주성당 건축 기금의 대부분을 보내주었기 때문이다.

이처럼 청주성당은 교인들이 늘어나서 지어졌다라기보다는 충북지역 선교 거점으로 해야 할 미래의 역할을 내다보며 지어진 것이다. 교인수 80명 수준이던 교회가 200명을 수용할 수 있는 100여 평 건물을 지은 이유도 여기에 있었다. 그때 그렇게 여유 있게 지은 덕분에 60년이 지난 지금도 150명 교인들이 주일마다 예배를

▲ 남쪽에서 본 모습

드리는데 전혀 불편함이 없다. 이 건물은 바깥에서 보아도 여유 있는 양반집 분위기를 느낄 수 있다. 청주 시내가 내려다보이는 언덕 위에 널찍한 부지를 마련하고 남북 방향으로 자리 잡은 성당 건물은 전면 4칸, 측면 8칸, 도합 32칸으로 된 전형적인 조선시대 한옥 건축 양식을 취하고 있다. 언덕 위에 자리 잡은 품새 하며 성당의 내부 구조도 강화도의 성공회 성당 건물과 흡사하다. 다만 동서를 축으로 하여 서쪽에 제단을 설치하여 서양의 성당 구조를 취한 강화읍 성당과 달리 청주성당은 남북을 축으로 하여 남쪽으로 출입구를 내고 북쪽에 제단을 설치한 것이 훨씬 한국적인 가옥 형태를 취하고 있다. 그리고 강화읍 성당이 건물 구조나 가옥 형태가

▲ 북쪽 라틴-캘트형 십자가와 팔작지붕

불당(佛堂)에 가까운 형태였다면 청주성당은 향교의 강학원(講學院) 같은 형태를 취하고 있다.

청주성당은 외모에서도 선비 문화의 여유를 담고 있다. 지붕은 회색 조선기와를 올린 팔작지붕 형태를 취하고 있으며, 합각 부분에 붉은 벽돌로 장식한 라틴-겔트형 십자가 문양이 있어 성당 건물임을 보여주고 있다. 가파르지도 느슨하지도 않게 내려가다가 끝에 와서 추스르듯 하늘로 치솟은 지붕 처마는 겹처마 형태를 취하고 있다. 강화읍 성당처럼 단청을 하거나 문양을 새겨 넣지는 않았으나 1층 서까래 끝은 네모로 깎아 부연(附椽)의 멋을 가미했고 2층 서까래는 원형(圓形) 그대로 살려 자연미를 보여 주고 있다. 벽체의 아래쪽은 붉은 벽돌로 두르고 위쪽은 회색 시멘트 몰탈로 처리하여 기둥과 창문틀의 짙은 고동색과 어울려 색의 조화를 이룬다. 이 건물의 또 다른 토착미는 문과 창문 장식에서 발견된다. 전통 여닫이식으로 된 창문의 아래쪽은 4각 창틀에 십자 문양을 응용한 전통 아자형(亞字型) 창살무늬를 하고 있고 위쪽은 고딕양식

▲ 4각 창틀에 십자문양을 응용한 전통 아자형(亞子型) 창문

의 반원형 아치에 트레서리(tracery) 장식을 취하고 있다. 역시 여닫이로 된 출입문도 가운데 십자형 아자 문양을 새기고 위 아래로 빗살무늬 교창(交窓)문양을 취하고 있다. 모두가 동서양 문화의 만남과 그 과정에서 이루어진 절묘한 조화를 느끼게 한다.

'오감'으로 드리는 예배

◎◎ 신발을 벗고(이 체험은 성소로 들어가는 첫 번째 관문으로 아주 중요한 부분이다!) 성당 내부로 들어가면 서까래와 들보가 그

▲ 성당으로 들어가는 입구

대로 노출된 연등천장이 주는 시원한 느낌에 사로잡힌다. 조선시대 사대부 집의 대표적인 가구(架構) 양식인 납도리(서까래를 받치는 가로 목재를 사각으로 깎은 것) 9량식(九樑式, 기둥과 기둥 사이를 연결하는 들보를 아홉 개 설치한 것) 형태를 취하고 있어 내부공간이 단아하면서도 안정감이 있다. 내부 공간은 2열로 된 고주(高柱, 가운데 기둥)와 대들보로 이루어지는 가운데 공간, 평주(平柱, 바깥 기둥)와 인방 및 툇보로 이루어지는 양쪽 바깥 공간, 그리고 앞 뒤 팔작지붕 합각 아래 공간으로 자연스럽게 나뉜다.

이 같은 공간 구분은 서구 바실리카 성단 내부 공간배치에 그대로 적용된다. 즉 고주와 대들보 아래 중앙 공간은 가톨릭 성당의 신랑(身廊, nave)을, 평주와 툇보로 이루어지는 양쪽 바깥 공간은 측랑(側廊, aisle)을 이루어 자연스럽게 서구 바실리카와 고딕 양식의 특징인 삼랑식(三廊式) 건축 양식을 취하게 된다. 합각 부분 아

▲ 내부는 조선시대 사대부집의 대표적 양식인 구량식 형태를 취하고 있다.

래쪽 공간은 북쪽 공간에 제의실(祭衣室)이 설치되고, 남쪽 공간에는 대리석 세례대(洗禮臺)가 놓여 있다. 팔각 대야 형태를 취하고 있는 세례대에는 한자로 '重, 生, 聖, 洗' 네 글자가 새겨져 있으며 그릇을 받치고 있는 기단 양식은 상대석(上臺石), 간주석(竿柱石), 하대석(下臺石)으로 이루어지는 전통 석등(石燈)과 부도(浮屠)의 3단식을 취하고 있다. 북쪽의 제의실과 성소(聖所)는 휘장으로 구분되고 있으며 성소에는 제대(祭臺)와 독경대(讀經臺), 사제석(司祭席)이 있다. 1935년에 성당을 건축할 때 제대는 화강암으로 만들었으나 1989년 휘장을 바꾸면서 제대도 향나무 제대로 바꾸었으며 사제석도 자개 칠보무늬 의자로 바꾸어 청주성당의 토착화 노력은 지금도 계속되고 있음을 느끼게 한다.

60년 넘은 적송(赤松)으로 만든 들보와 기둥에서 배어 나오는 은은한 향기가 갓 제작한 제대에서 풍겨나는 강렬한 향나무 향기와 어울리면서 성소의 거룩함을 더해 준다. 마치 그 옛날 이스라엘 백성의 성막에서 소합향과 나감향과 풍자향과 유향을 섞어 분향단에 불사름으로 향내 가득했던 성소의 분위기를 연상시킨다(출 31:34). 이 대목에서 목회자나 신학생들을 데리고 갈 때마다 하는 말이 있다.

▲ 세례대

"여기선 오감(五感)으로 드리는 예배가 가능합니다. 미사가 진행되는 동안 성소에서 진행되는 신부의 행동을 보

▲ 세례대에 쓰여 있는 글씨 중생성세 '重生聖洗'

▲ 자개칠보무늬 모양의 주교좌

고(視覺), 성서 낭독하는 소리와 신부의 강론을 듣고(聽覺), 소나무 향에 어울려 신부가 사르는 유향 냄새를 맡고(嗅覺), 신부가 나누어 주는 성체를 만지고(觸覺), 그것을 입에 넣어 씹어 삼키고 포도주를 마시며 맛을 보지요(味覺). 시각과 청각만 있는 개신교 예배에 후각과 미각, 촉각이 가미되어야 할 겁니다. 그래야 온몸으로 드리는 예배가 아니겠어요?"

이처럼 안팎으로 토착적 기독교 문화의 멋을 담고 있는 청주성당은 1985년 충청북도 유형문화재 제149호로 지정되었다. 이를 계기로 도에서 지원 된 보수비와 교인들의 헌금으로 대대적인 보수 공사를 하고 지붕을 새로 올려 지금까지 깨끗하고 아름다운 자태를 간직하고 있다.

청주성당 구내에는 본당 건물 말고도 문화적 가치가 있는 건물이 많이 있었다. 1932년에 지은 사제관은 ㄱ자 전통 기와집 형태로 된 아름다운 건물이었는데 1994년 현대식 양옥 사제관을 지으면서 헐렸다. 그리고 일제말기 본당 왼쪽에 선교사 주택으로 지은 붉은 벽돌 양관(洋館)이 있었는데 해방 후에는 부제들이 살다가 1995년 교회 주변 구역 정비 때 허물렸다. 다행히 교회 입구 왼쪽의 언덕 아래 위치한 단층 ㄷ자 형태의 전통 기와집이 남아 있다. 창문의 격자(格子), 아자(亞字), 겹살 무늬가 특히 아름다운 건물이다. 이 건물이 정확하게 언제 지어졌는지 분명치는 않으나 1935년 본당 건물을 지은 후 해방 전 일제 시대에 지어진 것만은 분명하다. 청주를 충북 선교의 거점으로 삼고자 했던 성공회 선교사들이 이곳에 대규모 성당을 짓고 본토인 전도자 양성을 위해 학교 겸 기숙사로 지은 것으로 추정된다. 그러나 곧바로 일제말기 암흑기에 접어들면서 건물이 본래 용도대로 사용되지 못한 것으로 보인다.

▲ 1935년 9월에 완공된 성당에 사용되었던 종. 지금은 사제관 앞에 놓여 있다.

▲ 일제 때 지어진 것으로 추정되는 ㄷ자 기와집, 해방 이후 사제 양성기관으로 사용되었다.

이 건물은 해방 후에야 본래의 목적대로 전도인과 사제 양성 기관으로 사용되었다. 6·25전쟁으로 인천에 있던 '성미가엘신학원'(현 성공회대학교의 전신)이 폐쇄되자 1952년부터 바로 이 건물에서 성미가엘신학원 수업이 재개된 것이다. 1957년 성미가엘신학원이 지금의 성공회대학교가 자리 잡은 구로구 항동으로 옮겨가기까지 5년간 이곳에서 사제 양성 교육이 진행되었다. 성미가엘신학원이 옮겨 간 후에는 1961년부터 평신도 지도자 양성 과정인 '성요한전도학원'이 개설되었다. 영국 유학을 마치고 귀국하여 청주성당 주임 사제로 부임한 이천환 신부에 의해 시작된 이 학원에는 전국에서 지원자들이 몰려 왔다.

그러나 1965년 이천환 신부가 한국인으로는 최초로 주교가 되어 청주를 떠나고 1967년에 전도학원이 폐지된 후에는 이 건물이 특별한 용도로 사용되지 못하고 가끔씩 대전교구 전도강습회 장소로만 이용되었다. 그러나 이처럼 오랫동안 비워 두었음에도 보존 상태가 좋은 것은 청주 교인들이 틈틈이 청소하고 보수하였기 때문이다.

비록 문화재로 지정되지는 않았지만 이 건물도 본당 건물과 함께 없어지지 않고 남아서 전통 문화 속에 뿌리를 내린 기독교의 존재 양태를 증언해 주기를 기대할 뿐이다. 단지 쓸모가 없다고 문화적 가치와 역사적 의미가 있는 건물을 허물어 버리는 경우를 하도 많이 보아왔기 때문이다.그래서 그런지 방금 전에 보고 내려온 삼일공원의 빈 동상 자리가 더욱 예사롭지 않게 다가온다.

뒷이야기

청주지역 시민 단체들이 '정춘수 동상 철거운동' 을 한창 전개하고 있던 1995년 여름, 정춘수의 친일 행적에 대한 연구 모임이 청주 기독교청년회관에서 열렸는데 나도 감리교측 역사학자로 초청을 받아 정춘수의 '반민족 행위' 와 그에 대한 역사 평가를 정리하여 발표한 적이 있다. 그때 논문을 발표하며 정춘수를 '목사' 로 호칭하였는데, 발표가 끝나자마자 주최측의 유력한 인사가 흥분해서 일어서더니, "어떻게 친일파 반민족 매국노에게 목사란 칭호를 붙일 수 있느냐?" 고 강력하게 항의하는 바람에(논문 내용이 아니라) '호칭' 문제로 장시간 논쟁을 벌인 적이 있었다.

그런 식이었다. 김영삼 정부의 '역사 바로 세우기 운동' 도 그러했지만 청주 시민단체의 '정춘수 동상 철거운동' 도 이성을 상실한 감정 중심의 보복 운동, 그래서 균형 감각을 잃은 편향적 '역사 파괴' 의 성격이 강했다. 잘못된 역사의 현장을 아예 없애버리는 것만이 능사가 아니다. 잘못된 역사의 현장을 그대로 보존하여 그곳에서 자행된 역사의 아픔을 후세에 전하는 것도 역사 교육에서 중요하다. 그런 면에서 해방 후 신사 하나쯤은 남겨두고 그곳에서 자행된 일제 침략과 우리 민족의 수난 역사를 반추하게 했더라면 더없이 좋았을 것이다.

넉넉했던 교회 인심

– 진천 성공회 성당 –

1998년 〈기독교사상〉에 이 글을 쓰고 난 후 신대교회를 비롯하여 청주지역 교회사 유적지를 답사할 기회가 많았고 그 과정에서 청주지역 교회사 발굴과 정리 작업에 깊은 관심을 두고 있던 연구자들을 많이 만났다. 청주제일교회의 이쾌재 목사님을 비롯하여 그 교회 최동준 장로, 그리고 청북교회의 안재명 장로와 충북대학교 사학과 전순동 교수 등이 답사 때마다 많은 도움을 주었다. 그 중에도 이쾌재 목사님은 충북 지역 초기 선교 자료를 모아 『충북노회 사료집』(1999년)을 펴내 충북 지역 기독교사 연구의 기본 자료를 정리하였다. 이 분들이 중심이 되어 1999년 '충북기독교사연구회'(회장: 최동준, 총무: 전순동)가 조직되어 충북 지역 교회사와 관련된 연구와 선교 유적지 답사, 자료집 발간 등 다양한 분야에서 활발하게 움직이고 있으며 2002년에는 충북기독교선교100주년기념사업회 이름으로 방대한 분량의 『충북기독교백년사』(전순동 집필)를 발간하였다. 충북(충주) 출신인 나로서는 더없이 반가운 일이다.

충청도에서 찾아보기!

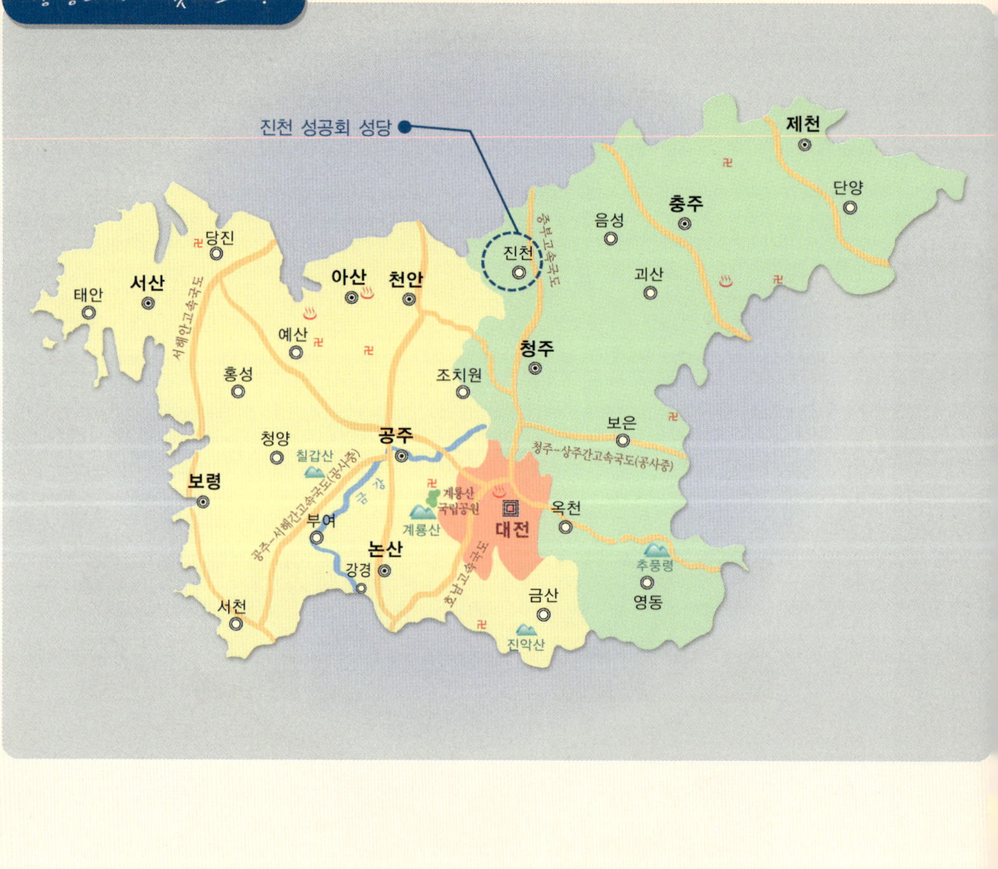

진천 성공회 성당
제천
단양
충주
음성
진천
괴산
중부고속국도
당진
서산
태안
서해안고속국도
아산
천안
예산
홍성
청주
조치원
보은
청양
공주
칠갑산
공주~서해간고속국도(공사중)
청주~상주간고속국도(공사중)
보령
금강
계룡산 국립공원
계룡산
대전
옥천
부여
논산
강경
호남고속국도
추풍령
영동
금산
서천
진악산

넉넉했던 교회 인심

– 진천 성공회 성당

옛날, 청주에서 서울로 올라가려면 반드시 들려야 했던 진천(鎭川)은 강화, 안중과 더불어 교세와 그 영향력에서 한국 성공회 '3대 뿌리'의 하나로 일컬어지고 있다. 진천은 성공회 충북지역 선교의 거점이 되었을 뿐만 아니라 많은 지도자들을 배출했다. 3·1운동 때 이곳 출신으로 서울 경성고보(현 경기고교)에 재학 중이던 홍순복(洪淳福)이 서울시내 학생 만세시위를 주도하고 체포되어 1년 옥고를 치렀고, 그의 형 홍순옥(洪淳玉)은 진천 애인병원 의사 출신으로 해방 후 제헌국회의원으로 활약하다가 6·25전쟁 때 납북되어 희생되었다. 그 외에 진천 상산학교 교장과 진천 교육감을 역임했던 조영원(趙永元), 경성의전 출신으로 청주에서 병원을 하면서 청주교회 개척에 공을 세운 오기택(吳基澤) 등이 진천 성공회 출신이다. 이곳 출신 사제로는 청주대학장을 역임했던 김현대(金顯大) 신부와 차인환 신부(인천 신명유치원 원장), 임태섭 신부 등이 있고 성공회대학교 총장을 거쳐 16대 국회의원을 역임한 이재정(李在禎) 신부도 이곳 출신이다.

이처럼 한국 성공회를 대표하는 인물들을 배출한 진천은 예로부터 '인심 좋고 살기 좋은 곳' 으로 유명했다.

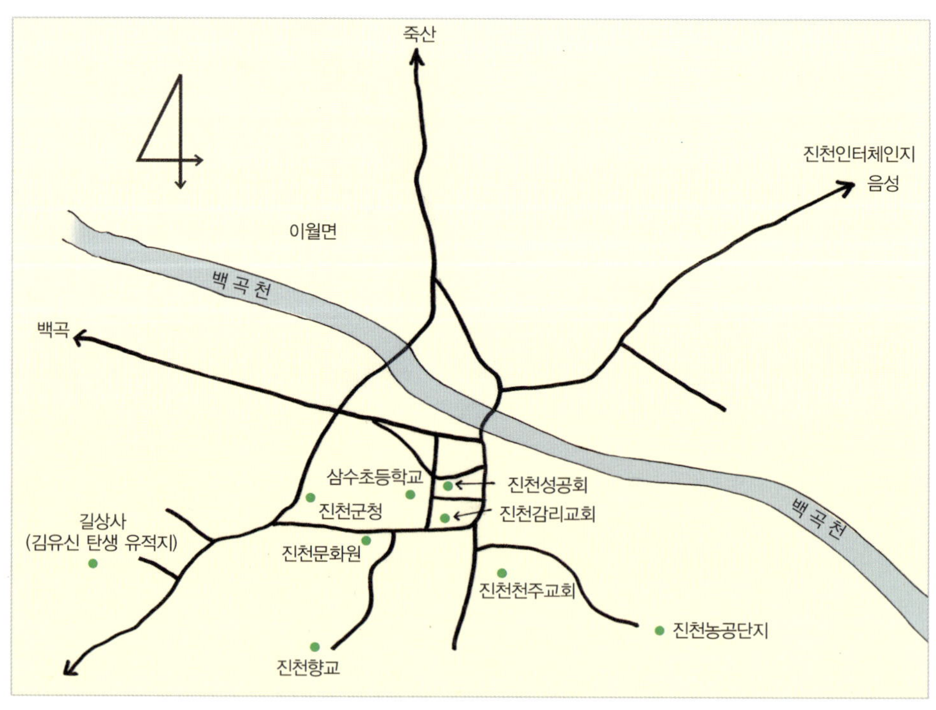

살아 진천, 죽어 용인

"옛날, 진천 허 생원네 딸이 용인으로 시집가서 아들 하나 낳고 살다가 남편이 병들어 먼저 죽었대유. 청춘과부가 된 허씨 부인은 슬픔에 잠겨 지내다가 친정으로 오던 중, 죽산 고갯길에서 앉아 쉬고 있더라니 마침 서울로 과거 보러 올라가던 진천 선비가 소복 입은 여인을 보구 마음이 끌려 다가와 이야기를 나누었대유. 그러던 중 바람이 불어 과부 눈에 티껍지가 들어갔는데 선비가 입을 눈에 대고 후 불었대유. 그런데 딸을 마중나왔던 친정 아버지가 멀리서 그걸 보구는 화가 나서 집 대문을 걸어 잠그고 '출가 외인이 어딜 들어오느냐.' 며 열어주지 않았대유. 과부는 한 달을 울며 기다렸지만 종내 친정집에 들어가지 못하구 시집으로 돌아가게 되었는데 일이 될라구 그랬는지 돌아가는 길에 서울 갔다가 과거에 낙방하고 내려오는 진천 선비를 만났대유. 선비는 그간의 사정을 알고는 결혼하자구 했대유. 그래서 과부는 용인 시댁 살림과 어린 아들을 시삼촌에게 맡기고 진천으로 와서 선비와 결혼했대유. 과부는 진천에서 아들 하나를 낳고 그럭저럭 살다가 환갑이 넘어 훗 남편이 먼저 죽었대유. 허씨 부인은 진천 아들이 지성으로 모셨지만 어려서 떼어놓고 온 용인 아들을 보고 싶어 했대유. 그러던 차에 어른이 된 용인 아들도 어머니를 찾아 나서 수소문 끝에 진천 땅에 와서 어머니를 만났대유. 그런데 문제가 생긴거유. 용인 아들과 진천 아들이 서로 어머니를 모시겠다며 양보를 않았대유. 결국 두 아들은 이 문제를 고을 원님에게 가지고 가서 판결을 요청했대유. 원님도 묘책이 없어 쩔쩔매고 있는데 원님 손자가 쪼르르 와서 듣더니 '생거진천 사거용인(生居鎭川 死居龍仁)' 여덟 자를 써서 주고 가더래유. 원님은 그제서야 무릎을 탁 치고는 두 아들을 불러 판결을 내렸대유.

'어머니를 서로 모시려는 너희들의 효성은 만세에 귀감이로다. 그러니 어쩌냐? 어머니는 한 분이요, 두 아들은 떨어져 살고 있으니. 그러니 이렇게 하도록 하여라. 어머니가 살아 있는 동안에는 진천 아들이 모시고 죽은 뒤에는 용인 아들이 모시도록 하여라.'

그래서 허 과부는 살아서 진천에 있다가 죽어서 용인으로 갔대유."

여기서 '살아서는 진천, 죽어서는 용인'이라는 말이 생겨났다. 조선시대 여인들의 재혼을 금기시하던 유교 문화에 대한 저항정신과 살아서든 죽어서든 부모를 지극 정성으로 모셔야 한다는 유교의 효(孝) 사상이 절묘하게 어우러진 이야기다.

그러나 지금은 진천 사람들 대부분이 '생거진천' 이란 말을 "살기 좋은 진천"이란 뜻으로 풀이하고 있다. 산세가 수려하여 명당자리가 많았던 용인과 비교하여 진천은 산과 물과 들이 적당하게 어우러져 사람 살기에 적합한 곳이란 뜻일 게다. 개울과 저수지가 많아 농사짓기에 넉넉하고, 높지 않은 산들이 병풍처럼 둘러쳐 있어 외지 바람을 막아주니 포근하다. 큰 가뭄이나 물난리도 별로 없었고 6·25 전쟁 때를 제외하곤 큰 난리를 겪어본 적이 없던 진천이다. 그리고 뛰어나게 유명한 인물도 없었지만 역적이나 간신도 나지 않은 곳이다. 조선조 헌종 때 것으로 보이는 진천 향토지 『상산지』(常山誌)는 진천 사람들의 품성을 다음과 같이 적고 있다.

"사람들은 소박하며 충과 효를 기리고 농사와 길쌈 일을 열심으로 한다"(素尙忠孝勤業農桑).

땅에 붙어, 땅을 붙이며 사는 사람들의 소박함과 근면함이 깃든 땅이니 외지인들에게 너그러운 충청도 인심이 여기에서 나온 것이다.

▲ 1923년 축성된 진천성당

진천 성공회 선교의 시작

성공회의 진천 선교는 세 가지 복합적인 배경을 가지고 시작되었다. 첫째는 성공회의 지방 선교 확장으로 이루어진 것이다. 1890년에 한국 선교를 시작한 성공회는 서울과 인천, 강화에서 성공적인 선교 거점을 확보한 후 경기 남쪽으로 길을 열어 1905년에 수원에 교회를 설립했고 1907년에는 충남쪽으로 천안, 충북쪽으로 진천에 각각 교회를 설립하였던 것이다.

둘째는 진천 선교를 개척한 거니(W. N. Gurney, 김우일) 신부의 개인적 선교 결단이 크게 작용하였다. 옥스퍼드대학 출신으로 1903년에 내한한 거니는 인천과 강화에서 잠시 활동하다가 1905년부터 서울에서 한국인 교회를 맡아보았다. 다리가 불편해서 당나귀를 타고 다녔던 그는 1906년 무렵부터 경기 남부 충북지역을 돌며 전도하였다. 그러면서 그는 복음에 대해 냉담한 서울 교인과는 달리 교회에 민감한 반응을 보이는 시골 교인들을 만나게 되었다. 가는 곳마다 그는 환영 받았다. 그래서 그는 충북지역 선교 의지를 터너 주교에게 밝혔다.

"아무리 생각해도 제가 이곳 서울에서 할 수 있는 일이라곤 더는 없는 것 같습니다. 우리 선교부가 서울에서 사업한 지 15년이 지났건만 얻은 것이라곤 우리가 돌봐야 하는 몇 안 되는 노인들뿐입니다. 그렇지만 저 아래 충주에만 가도 그 주변 마을에 우리 교리를 받아들일 준비가 되어 있는 사람들이 많습니다. 제가 짧은 기간 두 번 그곳을 방문했는데 남자만 2백 명이 넘게 모였습니다. 신부 한 사람만 그곳에 보내 있게만 하면 놀라운 일이 일어나게 될 것입니다"(Annual Report of the Society for the Propagation of the Gospel in Foreign Parts, 1906. 123쪽).

이 같은 거니의 생각에 터너 주교도 동의하였다. 이처럼 서울에서의 '선교 실패' 가 충북지역 선교로 연결된 것이다.

셋째는 진천 사람들의 적극적인 호응이 있었다. '외지사람들에게 인심 좋은' 진천 사람들은 거니의 성공회를 적극 받아들였다. 거니의 간헐적인 방문 전도에도 불구하고 교인들이 늘어나 1907년 초에 12개 마을에서 2백 명이 넘는 구도자들을 얻을 수 있었다. 과연 이들이 종교적인 동기의 '구도자' 들이었나 하는 점은 의심이 간다. 다른 지역과 마찬가지로 당시 진천도 정미의병(1907년)으로 인한 불안과 혼돈을 겪고 있었다. 특히 진천 출신 한봉수(韓鳳洙) 의병과 박재만(朴載萬) 의병이 맹위를 떨치면서 이에 대한 일본군의 공격으로 진천 사람들이 많은 피해를 입었다. 이 같은 '시국불안 상황' 에서 민중들은 외국 선교사들의 '치외법권적' 보호를 받기 위해 교회를 찾았던 것이다. 물론 그들 속에서 종교적 개종자들이 나온 것도 사실이다.

성공적인 삼각 선교

이런 복합적인 배경을 갖고 출발한 진천 선교는 순조로운 출발을 보였다. 1907년 11월에 진천으로 내려온 거니는 '북변면 상리'(北邊面 上里, 현 읍내리 329번지) 일대 3천여 평을 이한성(李漢星)으로부터 '신화(新貨) 20원'을 주고 구입한 후 그곳에 성전을 짓고 1908년 2월 터너 주교가 내려와 '성바오로교회'로 축성하였다. 이 건물은 일자형 전통 한옥으로 기와지붕 용마루 양 끝에 십

▲ 진천성당 모습. 벽면 장식이 1923년 당시 것과 많이 다르다.

▲ 1923년 축성된 진천성당 내부

자가를 부착하였는데 크기가 60칸이나 되었다. 거니와 영국 선교부의 배포를 느낄 만하다. 그리고 1909년 10월에는 강화에 있던 의료 선교사 로스(A. F. Laws, 노인산)가 진천으로 와서 성당과 같은 크기로 한옥 건물을 짓고 애인병원(愛人病院)을 시작했다. 로스의 헌신적인 활동에다 영국 교인들의 적극적인 지원으로 최신 의료 시설을 갖춘 이 병원은 멀리 신의주에서도 소문을 듣고 환자가 찾아 왔으며 한창 때는 5만여 명에 이르는 진료카드를 보유했다고 한다. 거의 무료로 운영되던 이 병원이 진천 선교의 중요한 성공 요인이 된 것은 물론이다. 또 같은 해 신참 선교사 휼렛(G. H. Hewlett, 유신덕) 신부가 진천에 내려와 거니를 도와 지방 선교를 맡아 하면서 남자 아이들을 데려다 가르치기 시작하였는데 이것이 신명학교(信明學校)의 출발이다. 주로 가난한 집 아이들이 왔는데 성당 옆에 한옥 건물을 지어 정식 교사를 마련한 후 구한국 정부로부터 인가를 받았고 1914년 무렵에는 여학교까지 운영하였다.

이처럼 진천 선교가 일찍 자리 잡게 된 것에는 거니 신부와 로스를 비롯한 개척 선교사들의 헌신과 선교부의 전폭적인 지원이 큰 몫을 차지하고 있지만 한인 전도자들의 활약도 컸다. 특히 거니와 함께 충청지역을 처음으로 돌았던 송세준(사가리아)을 비롯하여 전도사 임야고보, 전도부인 김드보라, 조한나, 박마리아 등이 헌신적으로 활약했다. 진천 초기 교인으로는 김가브엘, 이신덕, 정요셉, 정루시, 정노아, 김애덕, 임미가엘, 이디모데, 이요셉, 차모세 등의 이름이 1910년대 선교사 기록에 나오고 있다.

이로써 진천은 교회 – 학교 – 병원으로 이루어지는 '삼각 선교'(triad mission) 체제를 갖추고 성공회의 충북지역 선교 거점으로 자리 잡게 되었다. 광혜원, 음성, 충주, 청주, 여주, 무극, 안성, 직산, 나중에는 천안과 병천까지 관할하게 된 진천 성공회 교세는 1920년대 이후 전국 제일을 기록하였다.

"일제시대 한창 때는 진천교회 재적 교인만 3천 명이 넘었답니다. 성탄절이나 부활주일 같은 때면 지방 교인들까지 수천 명이 몰려 와서 하룻밤을 자며 미사를 드리고 갔는데 교회 마당에 큰 가마솥 다섯 개를 걸어 밥을 지었대요. 보통 주일에도 칠팔백 명씩 교인이 몰려들었는데 미사가 끝난 후에는 밥을 해서 먹고 갔지요. 교회 소유로 읍내리 땅 외에도 이월에 산 하나와 논 수천 평이 있었는데 여기서 소작료로 나온 쌀로 주일마다 교인들을 먹인 겁니다."

21대 사제로 진천교회를 담임하고 있는 김호욱 신부의 증언에서 옛날, 주일만 되면 '부자 교회'를 찾아오는 가난한 시골 교인들의 행렬이 상상이 간다. 기와를 올린 토담으로 둘러친 넓은 교회 부지는 선교사들이 영국에서 가져 온 버드나무를 심어 정원(庭園)처럼 꾸며 진천 사람들에겐 '별유천지'(別有天地)로 여겨졌을 것이다. 해방 후 진천군에서 군민 운동회를 하려는데 마땅한 장소가 없어 교회 마당에서 했다고 하니 그 위용을 짐작할 만하다.

틀어 옮겨진 성전

그러나 화려했던 일제시대 선교사 시대는 1930년대 접어들면서 많은 변화를 겪었다. 1913년 강화로 옮겨간 거니의 뒤를 이어 진천 선교를 지휘하던 휼렛 신부가 1928년 진천을 떠나며 한국인 신부 시대가 되면서 예전과 같은 '물량적' 선교가 이루어지지 못했다. 애인병원도 1929년 로스가 은퇴하고 영국으로 들어간 후 김용우, 홍순옥 등 한국인 의사들이 맡아보았으나 힘에 부쳐 결국 1938년에 문을 닫고 말았다. 신명학교도 1921년부터 야학형태로 전환하여 운영되다가 경영난에 봉착해 없어질 위기에 처한 것을 1937년 진천 유지 이병화(李秉華)가 3만5천 평 땅을 기부하여 신명심상소학교로 명맥을 이었고 1943년 공립학교로 바뀌어 오늘의 삼수(三秀)초등학교가 되었다.

해방 후 다시 들어온 선교사들이 병원을 재건하려는 시도를 하였으나 예전 같은 선교 지원이 이루어지지 않아 실패로 끝났다. 이월에 있던 땅도 대부분 없어졌다. 김호욱 신부의 증언이다.

"해방 후 2차에 걸친 토지 개혁 때 이월에 있던 교회 땅을 소작인

▲ 신명학교의 맥을 잇고 있는 삼수초등학교

들에게 나누어주었지요. 그러자 땅을 얻은 사람들이 교회 출입을 끊었습니다. 그때 교세가 70%이상 줄었습니다. 전쟁 후 1950년대 초반까지는 그래도 괜찮았습니다. 그러나 영국 성공회를 통해 들어오던 구호품이 줄어들고 대신 1956년에 천주교회가 들어와 밀가루를 나누어주자 그쪽으로 몰려갔습니다. 결국 교인들은 밥 주는 곳으로 몰려다닌 겁니다."

3천 평이 넘던 읍내리 교회 부지도 재정 문제 때문에 이리저리 잘라 팔아서 지금은 8백여 평만 남았다. 왜소해진 진천 성공회를 더욱 우울하게 만든 것은 '지역개발 바람'에 성전마저 허물릴 위기에 처한 것이었다. 1976년에 느닷없이 군에서 교회 부지 한 가운데로 소방도로를 내겠다고 통보해 왔다. 소방도로는 성전 한가운데로 가로질러 날 계획이었다. 마지막 남은 자존심으로 성전만은 어떻게든 지키려는 교인들의 항의와 호소에 군에서는 이전 비용을 대기로 하고 성전의 방향을 틀어 도로 안쪽으로 들어 옮겼다. 그 바람에 교회 부지 안에 있던 애인병원, 신명학교 건물은 물론이고 진천 명물이었던 6미터가 넘는 높은 종탑마저도 허물어 없어졌다.

우여곡절 끝에 살아남은 성전은 1923년 10월 16일 트롤로프 주교에 의해 '성모마리아와 성요한성당' 으로 축성된 것이다. 왜냐하면 1908년에 지었던 '성바우로성당' 이 1920년에 화재로 없어졌기 때문이다. 그러므로 지금의 성전은 영국 홀리로드에 있는 성요한 교회 교인들이 보내 준 헌금으로 새로 지은 것으로, 32칸짜리 전통 한옥 건물이다. 건물 구조와 크기는 1935년에 지은 청주성공회 성당과 흡사하다. 그러나 지금 모습은 처음 지었을 때의 모습과 상당한 차이가 있다. 물론 1976년에 성전을 틀어 옮기면서 생긴 변화다. 우선 남북으로 앉혔던 건물이 동서로 틀어졌다. 외벽도 처음엔 전체가 붉은 벽돌로 되어 있었으나 지금은 벽의 3분의 1만 벽돌로 하고 나머지는 회벽으로 되어 있다. 조선식 격자창살 무늬로 꾸몄

▲ 위에서 내려다 본 성당 모습

던 여닫이 창문도 밋밋한 사각 유리 창문으로 바뀌었다. 건물 양쪽으로 나 있던 두 개의 출입문이 없어졌고 정면 좌우 출입문 위쪽의 아치형 벽돌 장식도 없어졌다. 팔작지붕 합각면의 벽돌 십자가 장식도 '목욕탕 타일'로 바뀌었다. 무엇보다 한심한 것은 겹처마의 서까래와 기둥, 벽면을 단청 도료가 아닌 페인트로 칠해버린 것이다. 색깔도 울긋불긋 치졸해 영락없는 시골 '당집' 분위기다.

건물의 원형마저 손상시키면서 성전을 들어 옮긴 행정 당국의 무성의에 분노를 느끼며 신발을 벗고 성전 안으로 들어서면 토착 성전 건물에서 느낄 수 있는 아늑함에 마음이 어느 정도 가라앉는다. 여느 성공회의 토착 성전처럼 들보와 서까래가 드러나 있는 연등천장에 전형적인 납도리 9량식 건축물이 갖고 있는 청량감과 상승감을 느낄 수 있다. 백두산에서 뗏목으로 실어왔다는 나무로 만

▲ 영국 레익세스터의 벨그레이브교회에서 선물로 보낸 오르간

든 기둥과 들보가 안정감을 더해 준다. 본래 1923년에 지을 때는 다른 성전처럼 제대를 중심으로 난간을 두른 성소가 내부 공간의 3분의 1을 차지하고 있었는데 1976년에 옮기면서 성소 난간을 없애고 공간도 서쪽 합각지붕 아래쪽 좁은 공간으로 축소시켰다.

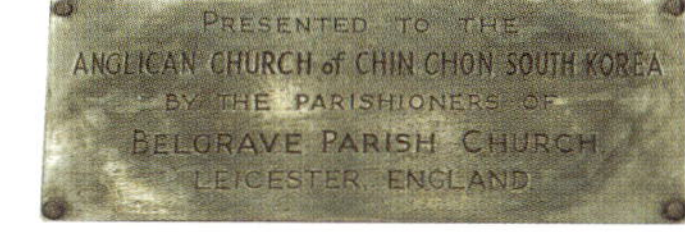
PRESENTED TO THE
ANGLICAN CHURCH of CHIN CHON SOUTH KOREA
BY THE PARISHIONERS OF
BELGRAVE PARISH CHURCH
LEICESTER ENGLAND

▲ 영국교회가 진천교회에 선물을 보낸 사실을 글로 새겨 오르간에 붙여 놓았다.

역사가 오랜 교회인 만큼 성전 안에 오래된 유물들이 많이 있다. 성소 왼쪽에 성체와 성모 마리아를 모시고 있는 소제대(小祭臺)의 보개천장(寶蓋天障) 장식이 토착적인 멋을 간직하고 있다. 얼마 전까지도 사용했다는 오르간은 영국 레익세스터의 벨그레이브교회(Belgrave Parish Church)에서 선물로 보내 준 것이다. 역시 지금은 사용하지 않고 있는 어른 크기

▲ 1937년에 별세한 윤다비다를 기념하여 후손들이 교회에 기증한 촛대

만 한 나무 촛대 두 개가 양쪽에 서 있는데 1937년에 별세한 윤다비다를 기념하여 그 후손이 기증한 것이다. 성전 뒤쪽에 남아 있는 화강암 세례대도 1908년에 진천 석공이 만든 것이다. 조선 사발처럼 생긴 원형 물두멍을 겹친 사각 모양으로 멋을 낸 기단이 받치고 있다.

성전 밖으로 나오면 또 하나 살아남은 건물, 애인병원 수술실로 쓰이던 화강암 돌집이 보이는데 창문 위쪽으로 이 건물이 1935년에 '메리엇기금'으로 지어진 것임을 밝히는 먹 글씨가 희미하게 보인다. 그리고 돌집과 성전 사이 마당 한구석에 선교사들이 영국에서 가져다 심었다는 느티나무 한 그루가 남아 있다. 옛날 교인들이 '신유수'(神柳樹)로 부르던 나무다. 그리고 성전 북쪽 시멘트 블록 담장 아래에 잡초 더미에 가려 잘 보이지 않는 작은 화강암 비석 하나가 있다. '주교단아덕기념비'(主教端雅德記念碑)다. 진천 선교를 개척했던 터너 주교가 1910년 별세하자 진천 교인들이 그를 기념하여 세운 비석이다. 그리고 담 넘어 문제의 소방도로 건너편으로 4층짜리 상가건물이 보인다. 1993년에 지은 '진천성공회관' 인데 지금은 주로 상가 임대 건물로 사용하고 있다. 교회의 재정 자립을 위해 지은 것인데 경기 불황 때문에 별로 도움이 되지 못하고 있다고 한다.

▲ 신유수. 뒤쪽에 애인병원 수술실이 보인다.

▲ 성전 봉헌기념으로 영국에서 가져온 느티나무

▲ 주교단아덕기념비(主教端雅德記念碑) 현재는 임시로 사택 옆에 세워져 있다.

▲ 1993년에 지은 진천 성공회관 자리. 현재는 상가임대 건물로 사용되고 있다.

지키기에도 버거운 성전 건물

"손 볼 데만 늘어나는 성전을 보면 답답합니다. 역사적, 문화적 가치가 많은 건물이지만 지금은 유지해 나가기도 벅찹니다. 더구나 1976년에 옮기는 과정에서 원형도 많이 손상되었을 뿐 아니라 건물 여기저기에 붕괴조짐이 나타나고 있습니다. 얼마 전 건축 전문가가 와서 보고 건물 전체가 1° 가량 기울어져 있으며 벽도 처음보다 얇게 쌓아 지붕 무게를 견디기 힘든 실정이라고 하더군요. 1923년에 워낙 단단하게 지은 것이기에 지금까지 버티고 있지만 10년을 장담할 수 없다고 합니다. 우리 교인들은 주일마다 이 안에서 목숨을 내놓고 미사를 드리고 있는 셈입니다."

'떠나고 남은' 120여 명 교인과 함께 성전 건물을 어떻게든 지켜내겠다며 다짐은 하면서도 마땅한 방안이 없어 고민하고 있는 김호욱 신부의 얼굴에서 오늘 한국 교회의 현실을 보는 것 같다. 한때 3천 명 교인을 거느리고 주일이면 솥 다섯 개를 걸어놓고 주민들을 먹여 살리던 교회가 이제는 하나 남은 성전 건물도 버거워하고 있는 게 현실이다.

이 같은 현실의 원인과 반성의 실마리를 이곳 출신 차인환 신부의 입에서 들을 수 있었다.

"옛날 그 좋았던 시절에 비해 지금은 너무도 초라한 고향 교회의 모습을 보며 분노와 아쉬움을 느낍니다. 이렇게 된 데는 우리에게도 책임이 있지만 선교사들의 책임도 크다고 봅니다. 그들이 진천에 와서 많은 사업을 하였지만 주도권은 항상 선교사들이 쥐고 있었어요. 땅을 사든, 성전을 짓든, 병원을 하든 선교사들이 자금 일체를 대며 모든 역할을 감당하였고, 한국인들은 구경만 할 뿐이었습니다. 한국인들에게 참여 기회를 주지 않았지요. 심하게 말하면 한국인들을 믿지 않았던 겁니다. 한국 교회의 자립 능력을 키우지 않았을 뿐 아니라 의도하지도 않은 선교 정책은 비판 받을 만합니다. 그러니 일제말기 그들이 떠나면서 그들이 하던 선교 사업도 중단될 수밖에 없었지요. 물론 자립 노력을 기울이지 않은 한국인들도 책임을 면할 수는 없습니다."

선교사들과 함께 시작되어 선교사들과 함께 떠나버린 교회의 부흥, 이제는 고적하게 그 기억만을 간직한 선교의 현장을 늦은 가을에 찾은 진천에서 본 것이었다. 그나마 진천 교인들이 몸으로 지켜 낸 아름다운 '토착 성전' 마저 없었다면 정말 쓸쓸했을 것이다.

뒷이야기

'틀어 옮긴' 진천 성당 상태가 몇 년 사이에 더욱 나빠졌다. 성당 내부 균열이 더욱 심해졌고 낡은 기와지붕으로 비가 새는 등 붕괴의 위기에 처했다. 다행인 것은 교인들이 성당 건물을 지키려는 의지를 갖게 된 것이다. 처음 이 글을 쓸 때만해도 교인들 중에는 "차라리 헐어버리자."고 하는 이들이 많았는데 그 후 방문객이 늘고 건축학자들이 찾아와 건물의 가치를 평가해 주자 "무슨 수를 쓰더라도 건물을 지키자."는 방향으로 의견이 일치되었을 뿐 아니라 "처음 지어질 당시의 모습으로 복원하자."는 수준까지 나아갔다. 그리고 다행스럽게도 진천 성당 건물은 건축사적 가치를 인정받아 2002년 2월 충청북도 등록문화재 8호로 지정되었다.

▲ 진천 시내 예배당이 있었던 자리. 현재는 주차장으로 쓰여지고 있다.

그런데 진천읍이 지역 재개발을 하면서 성당이 위치한 곳을 상가 지역으로 조성하기로 하여 진천교회는 2003년 교성리에 2천여 평 부지를 마련하고 현대식 성전 건물을 지었다. 그러면서 읍내리에 남아 있던 토담이나 '애인병원' 건물도 헐렸고 선교사가 심었던 '신유수'도 뽑혀 사라졌다. 다만 문화재로 지정된 옛 '한옥' 성전 건물은 새 성전 옆으로 옮겨지면서 1923년 처음 지어졌을 때의 모습으로 복원되었다. 문화재가 개발 논리에 밀려 처음 있던 자리에서 쫓겨난 것은 불행한 일이지만 '본래 모습'으로 복원되었다는 점은 다행이다.

▲ 새 성전 전경

가난한 동네, 가난한 교회

- 음성 성공회 성당 -

1998년 《기독교사상》에 이 글을 쓰고 난 후 신대교회를 비롯하여 청주지역 교회사 유적지를 답사할 기회가 많았고 그 과정에서 청주지역 교회사 발굴과 정리 작업에 깊은 관심을 두고 있던 연구자들을 많이 만났다. 청주제일교회의 이쾌재 목사님을 비롯하여 그 교회 최동준 장로, 그리고 청북교회의 안재영 장로와 충북대학교 사학과 전순동 교수 등이 답사 때마다 많은 도움을 주었다. 그 중에도 이쾌재 목사님은 충북 지역 초기 선교 자료를 모아 『충북노회 사료집』(1999년)을 펴내 충북 지역 기독교사 연구의 기본 자료를 정리하였다. 이 분들이 중심이 되어 1999년 '충북기독교사연구회'(회장: 최동준, 총무: 전순동)가 조직되어 충북 지역 교회사와 관련된 연구와 선교 유적지 답사, 자료집 발간 등 다양한 분야에서 활발하게 움직이고 있으며 2002년에는 충북기독교선교100주년기념사업회 이름으로 방대한 분량의 『충북기독교백년사』(전순동 집필)를 발간하였다. 충북(충주) 출신인 나로서는 더없이 반가운 일이다.

충청도에서 찾아보기!

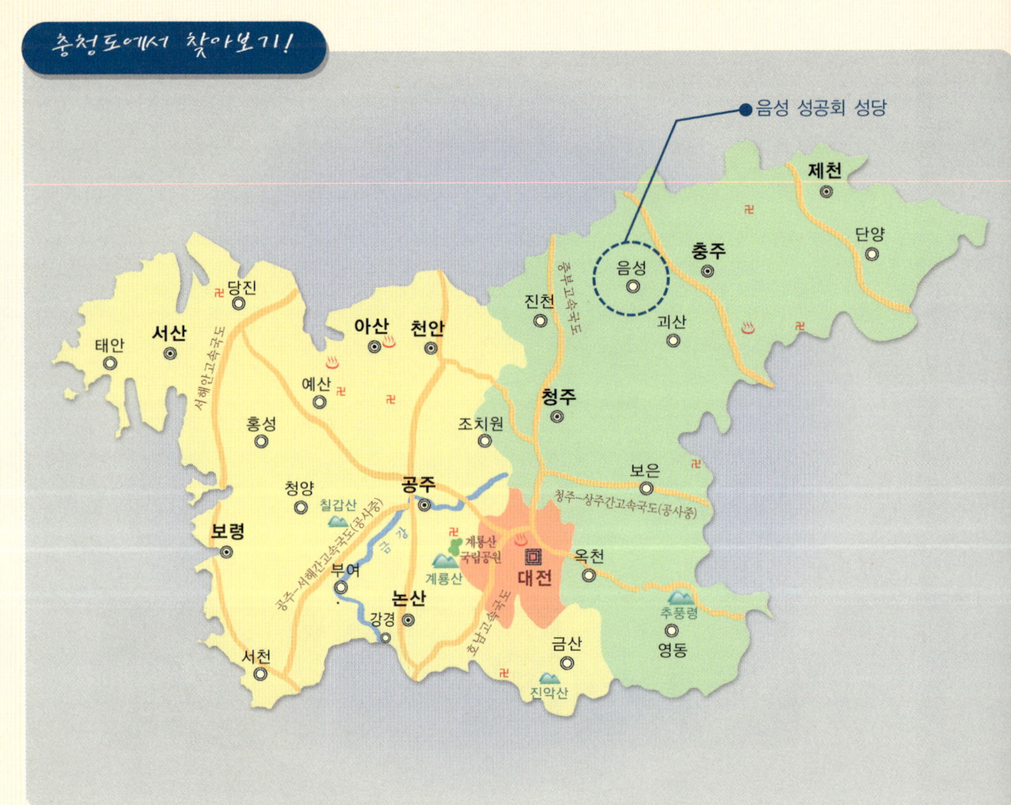
음성 성공회 성당
제천
단양
충주
음성
진천
괴산
중부고속국도
당진
서산
태안
아산
천안
예산
서해안고속국도
홍성
청주
조치원
보은
청주-상주간고속국도(공사중)
청양
공주
칠갑산
보령
공주-서해간고속국도(공사중)
금강
계룡산 국립공원
계룡산
대전
옥천
부여
논산
강경
호남고속국도
추풍령
영동
금산
서천
진악산

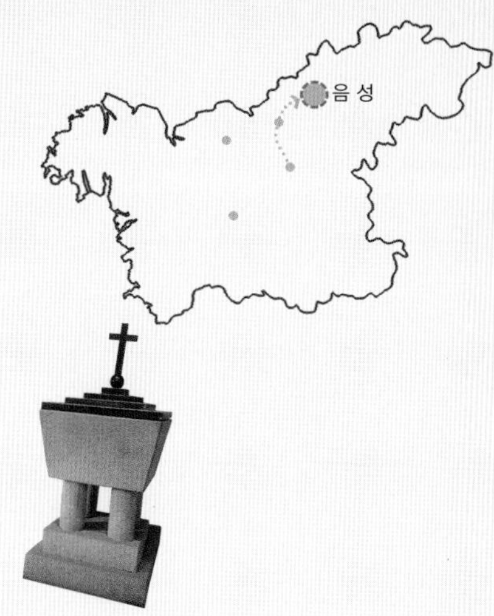

가난한 동네, 가난한 교회
– 음성 성공회 성당

평생 가도 바다 한번 보지 못하고 죽는 사람이 숱하게 많았던 충청북도 사람들은 조금 넓다 싶으면 '바다' 란 칭호를 붙였다. 내가 태어나 자란 충주에도 남산 아래 넓은 들녘이 있었는데 이를 '연바다' 라 했다. 그만큼 충청도 사람들에게 '바다' 는 동경의 대상이었다. 음성에도 그런 지명이 있다. 부용산과 가섭산에서 흘러내린 개울물이 음성읍을 휘돌아 충주 쪽으로 흘러가며 평곡리, 신천리, 하노리 세 마을이 만나는 하천가에 제법 큰 모래톱을 형성했는데, 사람들은 이를 '까치섬' [鵲島]이라 했다. 까치가 많이 날아들었기 때문에 붙여진 이름이다. 또한 개울을 따라 소이쪽으로 가다보면 평곡리와 석인리 경계 지점에 넓은 둔덕이 있는데 이를 '바다뫼' [海山]라 했다. '까치섬' 이나 '바다뫼' 는 분지에 사는 음성 사람들이 넓은 세상을 그리며 붙인 이름들이었다.

'음성 고을의 굴비 진상' 이란 이야기가 있다. 사면이 산으로 둘러싸인 전형적인 분지인 음성에서 해마다 나라에 바치는 진상 품목에 바다 생선인 굴비가 들어간 사연에 얽힌 이야기다.

▲ 음성 기독교 유적

음성 고을의 굴비 진상

옛날 음성 사람들이 해마다 나라에 바치는 공물(貢物) 품목은 황기(黃耆), 백출(白朮), 차(茶), 욱이인(郁李仁) 등 주로 약재였다. 음성에는 산이 많고 물이 깨끗해 효능 좋은 약초가 많이 났기 때문이다. 어느 핸가 음성 현리(縣吏)가 진상품들을 마련해 나라에서 지정한 창고로 가서 바쳤다. 그런데 새로 내려온 고사(庫使)가 음성 현황을 적은 장기(張記)를 살펴보다가 다음과 같이 물었다.

▼ '바다뫼'(海山)라 부르던 자리. 지금도 꽤 넓은 둔덕이 있다.

"너의 고을에 해산과 작도가 있느냐?"

"예, 있습니다."

"너의 고을이 바닷가에 있구나."

"아니올시다. 바닷가가 아니올시다."

"그렇다면 바다 해(海)자와 섬 도(島)자는 무엇인고?"

"땅이 바다처럼 넓다고 해서 해산이라 하옵고 까치가 몰려든다 해서 작도라 한 것뿐이옵니다."

"아니다. 필시 네 고을은 바닷가에 있음이 틀림없다. 너의 고을 진공물목(進貢物目)에 굴비를 추가할 터인즉, 내년부터는 그대로 실행토록 하라."

"……"

음성 현리는 우스갯소리로 알고 돌아왔다. 이듬해 현리는 예년과 같은 진상품을 챙겨 창고로 떠났다. 그런데 품목을 검사하던 고사가 호통을 쳤다.

"음성현 진공물목에 들어 있는 굴비가 어째 보이지 않느냐?"

"저의 고을엔 바다가 없어서 굴비를 마련하지 못했습니다."

"무슨 소리냐? 나라 문서인 진공물목에 굴비가 들어있으니 그대로 하렸다!"

아무리 설명하고 하소연해도 "한번 기록된 나라 문서를 바꿀 수는 없다."며 진상을 보류시켰다. 결국 현리는 그 길로 충청남도 해안까지 가서 굴비를 구해서 추가한 연후에야 완납할 수 있었다. 그래서 그때부터 해마다 음성 사람들이 굴비를 진상하게 되었다고 한다. 이런 음성 고을의 '굴비 진상' 이야기는 인근 고을에 퍼져 다른 고을 사람들은 음성 사람만 보면 놀려댔다고 한다.

고위 관리의 행정편이적인 발상과 고답적인 업무 처리로 인해 민초들이 당하는 고통의 실상이 어떤 것인지 보여주는 이야기이자, 음성 사람들의 바보스럽기까지 한 순박한 심성을 드러내 주는 이야기다. 이처럼 충청도 사람들은 좀 억울한 일을 당해도 "에이, 내가 참지. 때린 놈은 움츠리고 자도 맞은 놈은 발 뻗고 잔다더라." 며 좀처럼 그 섭섭한 감정을 드러내지 않는 온순하고 순박한 이들이다.

음성 목회는 음성 속도로

음성의 기독교 역사도 마찬가지다. 음성 사람들은 어떤 종교가 들어오든 호들갑을 떨며 열렬하게 환영하거나 반대로 맹렬하게 배척하는 극단적인 자세를 취하지 않는다. 그래서 음성에서는 강렬하지는 않지만 은근하게, 끊어질 듯 이어지는 복음의 역사 흔적들을 발견할 수 있다.

음성의 개신교 선교는 감리교회와 성공회가 두 축을 이루었다. 음성에 처음 감리교회가 설립된 과정은 불분명하나 이미 1907년 미감리회 연회에서 이성요를 음성구역 담임자로 파송한 것으로 보아 그 이전에 교회가 설립된 것은 분명하다. 그러나 90년이 넘은 음성 감리교회는 예배당을 세 번 옮겨 지으면서 옛 모습이 사라졌듯 그 역사를 증언할 만한 자료도 빈곤하기 짝이 없다. 기껏해야 선교사들이 남긴 영문 연회 보고서나 일제시대 발간된 연회록의 감리사 보고 속에 단편적으로 언급되고 있는 '음성 구역 상황보고' 정도다.

"음성구역은 모든 환란을 참고 금일까지 조곰도 흔들니지 안엇스니 주께 영광을 돌니나이다"(1919년 연회, 감리사 보고).

"음성구역은 **韓善浩** 목사가 자긔 전 재산을 다 가지고 헌신적으로 일하야가는고로 교회를 붓드러감니다. 구역이 진보되지는 못하엿스나 특별히 퇴보된 것도 업습니다"(1929년 연회, 감리사 보고).

▲ 음성감리교회

"음성구역은 陰城邑, 甲山, 住鳳, 陽錢, 4處이온데 이 구역도 반년간 담임자가 없어 곤란에 지냈아오나 전임 목사 朴炳華 씨의 수년간 끊임없는 노력과 일반 교인의 협조로 작년 가을에 십사 칸의 예배당을 신축하였압고 갑산 주봉 양전은 특별한 진보는 없으나 또한 조금도 퇴보치는 아니하였으며……"(1937년 연회, 감리사 보고)

"특별히 진보된 것도 없으나 퇴보된 것도 없나이다."라는 거듭된 보고 속에서 음성 선교의 실상을 느낄 수 있다. 음성 선교가 시작된 지 30년이 지난 1936년에야 14칸짜리 예배당을 마련하였다는 사실 하나만으로도 음성 사람들의 '느긋한'(?) 신앙이 어느 정도였는지 짐작이 간다. 이런 신앙 분위기는 해방 후에도 그대로 유지되었다. 그래서 성질 급한 외지 목회자들이 음성에 와서 성급하게 교인들을 휘몰아 닦달하다가 낭패를 본 경우가 많다. 음성에서는 '순복음교회식' 의 템포 빠른 신앙이 먹혀들지 않는다. 음성에 와서는 음성 속도에 맞추어야 한다.

성공회의 음성 선교

또 다른 선교의 축인 성공회의 음성 선교도 그런 식이었다. 감리교회의 경우처럼 성공회의 경우도 음성에서 누가 처음으로 복음을 받아들였는지, 언제 어디서 예배를 드리기 시작했는지, 이를 밝혀줄 자료가 전혀 없다. 다만 1907년 진천 선교가 시작될 때 이미 충주를 비롯한 12개 충청도 고을에 2백여 명의 구도자가 있었다는 거니(W. N. Gurney) 신부의 보고가 있었던 것으로 미루어 진천에서 충주로 가는 길목에 위치한 음성에도 교인이 생겼을 가능성은 충분하다. 그러나 음성 교인들은 상당 기간 진천까지 나가서 예배를 드려야 했다. 1909년 진천에 새로 부임한 휼렛(G. H.

▲ 음성성당과 신명학교 학생들. 검은 옷을 입은 이가 휼렛 신부다.

Hewlett, 유신덕) 신부가 충주, 음성, 대소원, 광혜원, 청주 등지를 순회하며 교인들을 돌보면서 음성에도 공소(公所, 기도처) 형태의 예배장소가 마련되었을 것으로 추정된다. 그러다가 1915년 12월 21일 한국인 최초 사제로 서품을 받은 김희준(金熙俊)이 음성교회 전담 사제로 부임했다.

김희준의 부임으로 음성교회는 활기를 띄게 되었다. 그리하여 1916년 여름에 트롤로프(M. N. Trollope) 주교가 음성을 방문했을 때 음성 교인 25명이 견진 성사를 받았다. 그 후 진천에 있던 리(A. W. Lee, 이도암) 신부와 휼렛 신부가 와서 교회 일을 보았고 봉전, 금왕, 용원, 대소원, 소이 등지에 지교회를 설립하였다. 그리하여

1920년대 들어서 음성은 진천과 함께 강력한 충북 선교의 거점이 되었다. 이에 선교부에서는 1923년에 읍내리 639번지 일대 1천여 평 땅을 구입하여 성전과 사제관을 지었고, 1928년에는 두 칸짜리 교사를 지어 신명학당을 운영하기까지 하였다.

1933년에 여주 출신인 김영호(金英鎬) 신부가 부임하면서 음성 교회는 전성기를 맞았다. 일제말기에 해당되는 1937년말 성공회 교세(세례교인) 현황을 보면 강화가 1,554명으로 가장 많았고 그 다음으로 진위(870명), 성천(832명), 순천(725명), 진천(615명), 천안(559명), 수원(531명)에 이어 음성이 427명으로 전국(125개 지역 중에) 8위에 해당되는 교세를 보여주고 있다. 반면에 교회의 자립 정도를 보여주는 토착 교인 헌금 총액은 1년 총액이 173원으로 전국 18위에 해당된다. 그만큼 교회 자립도가 낮았음을 보여준다. 수만 평 땅을 소유하고 소작료를 받아 교인들을 먹여 살리던 진천교회와 달리 음성교회는 '가난한 교회'의 틀을 벗지 못했고 교회 재정을 전적으로 선교부의 재정 보조에 의지할 수밖에 없었다. 음성의 가난한 교인들에게 교회는 자선단체처럼 '베푸는 곳'이었다.

'좌익'을 지지했던 신부

해방 직후 음성교회가 겪어야 했던 시련도 이런 역사적 배경에서 풀어야 한다. 왜냐하면 해방 후 음성교회 사제와 교인들이 겪은 시련은 해방과 함께 진행된 남·북간의 이데올로기 갈등에서 비롯되었기 때문이다. 해방 직후 음성교회를 담임하고 있던 김영호 신부가 성직자로는 드물게 좌익을 지지하는 목회자로 알려졌고, 그 때문에 그와 교회가 함께 시련을 겪었다. 음성군 제헌 국회의원을 지낸 이의상(李宜相)의 아들로, 1946년 열세 살 때부터 음성교회에 다니기 시작해 지금까지 교회를 지키고 있는 이재철 회장의 증언이다.

"해방 후 이곳 음성과 대소를 '충북의 모스크바'라고 했지유. 그만큼 사상에 물든 사람들이 많았어유. 옛날부텀 소작인들이 많었구 왜정 때부터 괴산의 홍명희, 엄정의 김삼용 같은 거물급 공산주의자들이 있어 그 영향이 컸어유. 음성에도 토착 공산주의자들이 많았는데 왜정 때 금융조합에 다녔던 박씨가 대표적이었어유. 바로 교회 앞에 살고 있었는데 6·25때 그의 가족 모두가 월북했지

▲ 음성 성공회

유. 그런데 그가 바로 음성교회 사제로 계시던 김영호 신부님의 사위였어유(성공회 신부는 결혼할 수 있다). 지들이 보기엔 김 신부님 자신은 공산주의자가 아니었던 것 같어유. 다만 사위와 딸 때문에 마지못해 그 쪽 편을 들어준 것이 아닌가 봐유."

해방 정국에서 김영호 신부가 '좌익'에 선 것이 그 자신의 결단이었는지, 가족 관계 때문이었는지 여부는 아직도 밝혀지지 않고 있다. 사정이야 어찌됐든 교회 신부가 공산주의를 지지했다는 것은 심각한 문제였다. 그래서 해방 후 한국 성공회를 지도하고 있던 쿠퍼(C. Cooper, 구세실) 주교는 1947년 8월, 김영호 신부를 고향인 여주로 파송하여 그를 음성 교인들로부터 격리시켰다(그 후 김영호 신부는 1950년 부활절 전날 심장마비로 별세한 것으로 전해진다). 전쟁 후에도 한동안 음성교회는 이 일로 진통을 겪어야 했다. 김영호 신부 후임으로 최태희 신부가 와서 10년간 머물면서 청년과 학생을 중심으로 교회를 재건하려 애썼으나 주민들은 냉랭했다고 한다. 1957년 이후부터 1997년 12월에 부임한 황정기 신부까지 40년 동안 음성교회 사제로 15명이 역임했으니 2, 3년마다 사제가 바뀐 셈이다. 잦은 사제 변동만큼이나 교인 변동도 심했다. 일제시대 신부들을 통해 물질적인 도움을 받았던 가난한 교인들도 해방이 되면서 원조가 끊어지자 '구호품'을 나누어주는 천주교회로 대부분 옮겨갔다.

사제관보다 낡은 성전

지금 남아 있는 음성교회 건물에서도 '명맥을 유지하기도 벅찬 교회'의 실정을 읽을 수 있다. 음성교회는 처음에 조그만 초가집을 하나 세내어 성전으로 사용하다가 1923년에야 지금의 성전

▲ 음성 성공회 전경

터와 건물을 마련하였다. 해방 후, 두 차례 도시계획에 의해 도로가 생기면서 교회 땅이 일부 잘려 나가기는 했으나 남아 있는 9백여 평 땅이 좁게 보이지는 않는다. 그 안에 한옥으로 된 성전 건물과 사제관이 옛 모습을 그대로 간직하고 있다. 그런데 거의 같은 시기에 지은 한옥인데도 성전 건물과 사제관이 비교가 된다. 사제관은 대청마루에 알루미늄 새시를 달아 외관이 상하기는 했으나 전형적인 고패집(ㄱ자형) 양반 가옥 모습을 간직하고 있으며 기둥과 마루가 아직도 싱싱하다. 반면에 성전 건물은 무너지기 직전의 흉가 분위기를 자아낸다.

그렇게 된 데는 이유가 있다. 성전 건물은 1923년 지을 때부터 '헌 집'으로 출발했다. 땅은 선교부에서 사 주었지만 번듯한 성전 건물을 지을 만한 능력이 없었던 음성 교인들은 마침 음성 부자 현씨 집안에서 새 집을 지으면서 헐어 버리려는 집이 있어 그 목재를

▲ 음성 성공회 사제관

가져다 지었다(이 집안의 딸, 현미리암이 음성교회에 출석했다). 반면에 사제관은 1923년 당시 진천에 있던 휼렛 신부가 임지를 이곳으로 옮기면서 외지에서 새 목재를 사다가 지었다. 그래서 '헌 성전'과 '새 사제관'이 된 것이다.

70년 세월을 지나는 동안 두 건물 사이의 간격은 더욱 넓어졌다. 비록 낡기는 했지만 전쟁과 개발시대 파괴 풍랑에도 살아남은 것이 고맙기만 하다. 특히 성전 건물은 선교 초기 기존 한옥 건물을 성전으로 개조해서 사용하던 한국 교회 건축사의 초창기 모습을 보여주는 것으로 역사적 의미가 크다. 이는 자연석으로 토담 벽을 쌓고 팔작지붕으로 올린 15칸짜리 전형적인 조선 기와집이다. 처음 지을 땐 지붕 용마루 양쪽 끝 부분에 십자가 장식을 부착했으나 1970년대 지붕을 개량 기와로 바꾸면서 십자가 장식을 떼어내 밖에서 보면 성전 건물이란 표식이 전혀 없다. 그래서 음성 성당이

▲ 성당 상량문

지금 남아 있는 성공회 성전 건물 중에 가장 토속적인 모습을 보여 주고 있다.

성전 안으로 들어가도 분위기는 마찬가지다. 양쪽의 8개 창문 외엔 빛이 들어 올 곳이 없어서 전체적으로 어둡다. 내부 공간은 여느 토착 성전과 마찬가지로 천장 가구 장식이 그대로 드러난 연등천장에 전형적인 납도리 양식을 취하고 있다. 비록 '헌 집'을 뜯어다 지은 것이긴 하지만 대들보에 먹으로 "主降生一千九百二十三年十月七日 上樑"이라 쓴 상량문이 선명하다. 내부 공간은 6개 기둥으로 측랑과 신랑이 자연스럽게 나뉘어 있으며 제단 양 옆으로 고해실과 성의실이 마련되어 있다. 많지는 않지만 성전 안에는 오랜 역사를 증언할 만한 기념물들이 있는데 우선 눈에 띄는 것이 사제석에 있는 '기도상'(祈禱床)이다. 양쪽 모서리에 "願救主" "常降福" 여섯 글자가 새겨져 있고 가로 버팀목에 "京城聖公會," "救主降生一九一六年"이라 씌어 있어 1916년 트롤로프 주교가 내려올

▲ 사제석에 있는 기도상. 1916년 트롤로프 주교 방문시 서울 교인들이 만들어 보낸 것으로 추정된다.

때 그 편에 서울 교인들이 만들어 보낸 것으로 추정된다. 그렇다면 이 기도상이야말로 초가집 성전 때부터 음성교회 역사를 지켜 본 무언의 증인인 셈이다. 은퇴를 앞둔 일제시대 '야마하 올갠'과 뒤편 출입구 쪽에 있는 화강암 세례대도 그렇다.

세례대 뒤쪽에 걸린 성화가 눈에 띈다. 예수원 설립자 토레이(대천덕) 신부의 부인(Jane G. Torrey, 민재은)이 그린 1973년 작품으로 성자 마르땡(St. Martin)을 그린 것이다. 1923년 트롤로프 주교가 내려와 음성교회를 축성하면서 '성마르땡 교회'로 명명하였는데, 축성 후 50년 만에 그린 그림이다. 4세기 프랑스 뚜르 주교였던 마르땡은 수도와 선행에서 널리 추앙을 받았는데 특히 아미앙에

▲ 화강암 세례대

▲ 빈자의 성인 성 마르틴 성화

서 거지를 보고 자기가 입고 있던 망또를 절반 잘라 준 일화로 유명하다. 그래서 마르땡은 '빈자(貧者)의 성인'으로 불리었다.

이런 마르땡을 음성교회 주보(主保) 성인으로 지정한 주교의 속마음을 읽을 수 있을 것도 같다.

음성교회는 처음부터 가난한 자들의 교회로 출발했고 지금도 그렇다. 1980년대 성전 뒤쪽 출입구 쪽으로 한 칸을 늘려 지으면서 붉은 벽돌로 벽을 돌린 것이 낡은 외투를 기워 때운 헝겊 쪼가리 같아 어색하다. 왼쪽으로 내려앉은 마루바닥이며 50년 세월의 무게를 견디기 어려운 듯 여기저기 무너져 내린 홑처마 지붕을 받치고 있는 썩은 서까래들도 보기에 민망하다.

파산선고를 받은 교회

"성전 건물을 볼라치면 답답합니다. 썩은 서까래에 깨진 기와 조각하며 손 볼 곳이 한두 군데가 아닙니다. 바깥에서는 '토착적 성전 건물'이니 어떻게 해서든 살려보라고 하지만 우리 힘으론 도저히 감당할 수가 없습니다. 군 문화재 당국은 이 건물이 처음 지어질 때 새 건물이 아니라 헌 집을 뜯어다 지은 것이기에 문

▲ 1980년대 성전 건물 입구를 늘리면서 붉은 벽돌을 사용한 흔적이 보인다.

화적 가치가 없다고 합니다. 수리를 해서 보존하려 해도 대들보 정도나 건질까 대부분 목재들이 썩어 새로 건축하느니만 못하지요. 어쩔 수 없습니다. 안타깝지만 언젠가는 허물 수밖에 없어요. 지금 우리 교회 형편으로 새 건물을 마련할 능력이 못되어 그대로 두고 있을 뿐입니다."

은퇴한 지세윤 신부 후임으로, 오랫동안 대전교구 행정을 맡아 보다가 '마지막 임지로' 음성교회에 파송 받아 온 황정기 신부의 얼굴 표정이 밝지만은 않았다. 회생 불능의 '말기 암환자'에 대한 의사 진단을 듣는 것 같기도 하고 법정 관리인의 '파산 선고'를 듣는 것 같아 착잡했다. 읍내 한복판에 9백 평이 넘는 넓은 교회 땅이 있음에도 불구하고 50년 넘은 '토착' 성전 건물 하나 유지하지 못해 버거워하고 있는 음성교회의 현실이 안타깝기만 했다.

"남 탓할 거 없습니다. 모든 게 선교정책의 부재에서 온 결과입니다. 영국 선교사들이 선교 자금과 정책을 독점한 것, 그로 인해 한국인들의 참여의식과 책임감이 없어진 것, 한국인 지도자를 길러내지 않은 것… 한국 성공회가 선교사 신탁통치를 벗어나지 못

▲ 성전 내부. 연등천장에 전형적인 납도리 양식을 취하고 있다.

한 결과이지요. 그러나 선교사를 욕할 것만도 아닙니다. 해방 후 한국 교회 자치시대가 된 이후에도 체계적인 선교 정책을 수립하지 못하고 선교사들이 남겨두고 간 재산도 제대로 활용하지 못한 채 침체 국면을 헤어나지 못하고 있는 실정입니다. 음성교회는 이런 복합적인 문제점들을 그대로 보여주고 있습니다."

울분을 속으로 삼키듯 안타까운 마음을 토로하는 노(老) 성직자의 눈가엔 이슬이 비쳤다. 한때는 서방 선진국 대열에 들어섰다고 한껏 부풀어 있다가 강림절에 불어 닥친 외채 한파로 그 실상이 드러나 국제통화기금(IMF)으로 상징되는 '경제 신탁통치'를 받아야 할 운명으로 전락한 1997년 연말에 돌아본 음성교회 건물이 예사롭지 않게 다가온다.

"성 마르땡이여! 자신의 벌거벗은 모습을 보고도 수치를 느끼지 못하는 이 민족에게 자비를 베푸소서."

뒷이야기

1998년 〈기독교사상〉에 음성교회 이야기를 발표하고 나서 황정기 신부로부터 '엄중한' 항의를 받았다. 해방 직후 음성교회 사제로 있던 김영호 신부의 '좌익 활동'에 대한 기사 내용 때문이었다. 항의 내용인즉, 1) 김영호 신부의 행적에 대한 객관적 조사가 이루어지지 않은 상태에서 평신도의 증언만 듣고 그가 '좌익 활동'을 한 것으로 매도할 수 있느냐, 2) 그러지 않아도 김영호 신부 사건 때문에 음성교회가 전쟁 이후로 선교가 어려운 상황인데 또 다시 사상 문제를 들고 나와 무슨 유익이 있겠느냐는 것이었다. 황 신부의 우려와 항의에도 일리는 있었다. 그러나 나로서는 민족의 화해와 통일을 지향하는 오늘의 시점에서 좌익(공산주의) 문제를 재해석할 필요가 있다고 생각했다. 역사적으로 보아도 해방 직후 좌·우익 갈등 속에 신부든 목사든 성직자 중에 좌익 성향을 띠고 활동했던 인물들이 적지 않았다. 이제는 이들 '좌익 성직자들'의 활동과 사상을 반공주의, 우익편향 시각에서 비판만 할 것이 아니라 '민족주의' 관점에서 재평가함으로 민족 통일의 전단계로서 사상적, 이념적 대화와 화해의 시도를 할 필요가 있다고 본다. 그런 의미에서 '해방 공간'에서 좌익을 선택한 김영호 신부에 대한 본격적인 연구가 필요한 시점이다.

나그네 고장, 나그네 교회

– 천안 성공회 성당 –

1998년 〈기독교사상〉에 이 글을 쓰고 난 후 신대교회를 비롯하여 청주지역 교회사 유적지를 답사할 기회가 많았고 그 과정에서 청주지역 교회사 발굴과 정리 작업에 깊은 관심을 두고 있던 연구자들을 많이 만났다. 청주제일교회의 이재객 목사님을 비롯하여 그 교회 최동준 장로, 그리고 청북교회의 안재영 장로와 충북대학교 사학과 전순동 교수 등이 답사 때마다 많은 도움을 주었다. 그 중에도 이재객 목사님은 충북 지역 초기 선교 자료를 모아 「충북노회 사료집」(1999년)을 펴내 충북 지역 기독교사 연구의 기본 자료를 정리하였다. 이 분들이 중심이 되어 1999년 '충북기독교사연구회'(회장: 최동준, 총무: 전순동)가 조직되어 충북 지역 교회사와 관련된 연구와 선교 유적지 답사, 자료집 발간 등 다양한 분야에서 활발하게 움직이고 있으며 2002년에는 충북기독교선교100주년기념사업회 이름으로 방대한 분량의 「충북기독교백년사」(전순동 집필)를 발간하였다. 충북(충주) 출신인 나로서는 더없이 반가운 일이다.

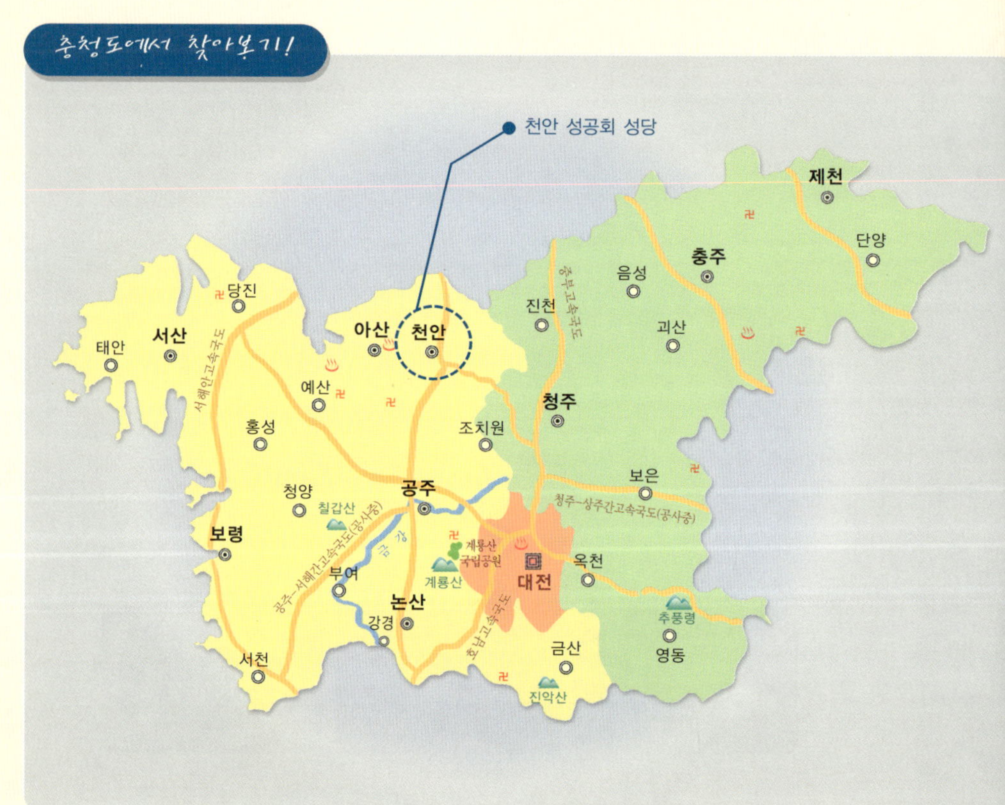
충청도에서 찾아보기!
천안 성공회 성당
제천
단양
충주
음성
진천
중부고속국도
괴산
당진
서산
태안
서해안고속국도
아산
천안
예산
홍성
청주
조치원
공주
청양
칠갑산
보은
청주–상주간고속국도(공사중)
보령
금강
계룡산 국립공원
계룡산
대전
옥천
부여
공주–서해간고속국도(공사중)
논산
강경
호남고속국도
추풍령
영동
서천
금산
진악산

나그네 고장, 나그네 교회

– 천안 성공회 성당

"천안 삼거리 흥~ 능수야 버들은 흥~
제멋에 겨워서 흥~ 축 늘어졌구나 흥~
에루화 좋구나 흥~ 성화가 났구나 흥~"

'흥타령' 으로 유명한 천안 삼거리에 얽힌 전설은 여러 가지가 있는데 그중에 대표적인 것으로 다음 세 가지를 꼽을 수 있다.

천안 삼거리 전설

첫 번째 이야기는 선비와 기생의 사랑 이야기이다. 옛날 과거 시험을 보러 가던 박현수라는 전라도 고부 선비가 삼거리 주막에서 능소라는 기생을 만나 하룻밤 사랑을 나눈 후 헤어지면서

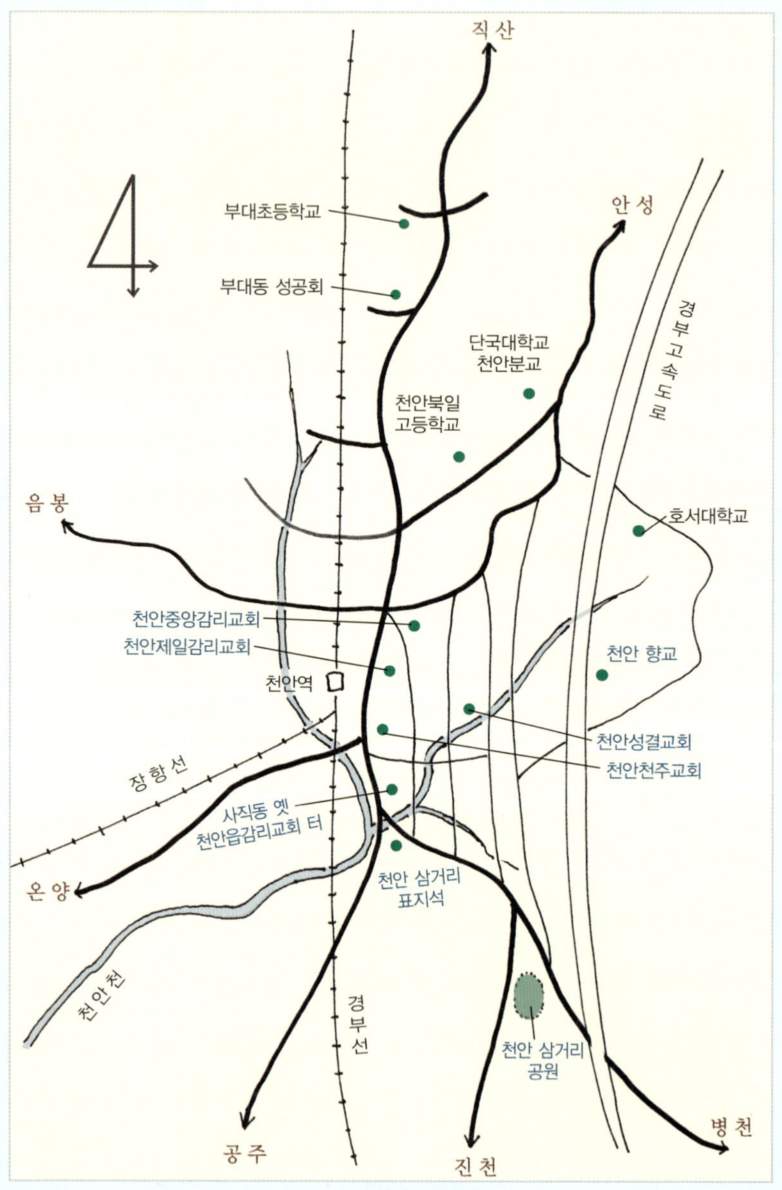
직 산
부대초등학교
안 성
부대동 성공회
경부고속도로
단국대학교
천안분교
천안북일
고등학교
음 봉
호서대학교
천안중앙감리교회
천안제일감리교회
천안 향교
천안역
천안성결교회
천안천주교회
장 항 선
사직동 옛
천안읍감리교회 터
온 양
천안 삼거리
표지석
천 안 천
경
부
선
천안 삼거리
공원
병 천
공 주
진 천

▲ 천안 부근도

길가에 막대기 하나를 꽂고 "이 막대기에서 싹이 날 때면 내가 돌아오리라."는 말을 남기고 떠났다. 그 뒤 막대기에서 싹이 났는데도 박 도령은 돌아오지 않았고 능소는 눈물로 세월을 보냈다. 그러다가 오랜 세월이 흘러 어사가 된 박현수가 이곳에 들렀다가 그때까지 수절하고 있던 능소를 만나 흥에 겨워 버드나무 아래서 덩실덩실 춤을 추었다고 해서 그 나무를 능수라 했다는 이야기다.

두 번째 이야기는 좀 슬프다. 옛날 북쪽에서 전쟁이 일어나 온 나라 장정들이 부역을 하게 되었는데 전라도 어느 고을에 어린 딸 하나를 데리고 살던 사내도 부역을 떠나게 되었다. 그 사내는 길을 떠나 이곳 천안에 들러 하룻밤을 묵은 후 주막집 주모에게 어린 딸을 맡기고 길을 떠났다. 울며 떨어지지 않으려는 딸에게, "이 지팡이에서 싹이 나면 돌아오마." 하고 지팡이를 길가에 꽂아놓고 길을 떠났다. 어린 딸은 지팡이만 바라보며 하염없이 눈물만 흘렸다. 세월이 지나 지팡이에 싹이 나 버드나무가 되었고 전쟁이 끝나 부역갔던 사람들이 돌아오건만 아버지는 돌아오지 않았다. 딸은 기생이 되어 아버지와 헤어진 주막집을 떠나지 않고 버드나무를 지키다가 병들어 죽었다. 그러자 동네 사람들은 버드나무 아래 그녀를 묻었다.

세 번째 이야기는 좀 복잡하다. 옛날 경상도 안동에 형제가 살았는데 어쩌다 동생이 먼저 천안의 박 진사 딸과 결혼하게 되었다. 그런데 동생은 형보다 먼저 혼인할 수 없다며 집을 나갔다. 그래서 할 수 없이 형이 천안으로 왔다. 그러나 동생의 아내가 되었어야 했던 여인을 아내로 맞을 수는 없다며 같은 주막에 묵고 있던 전라 감사의 아들을 설득해 대신 신방에 들게 했다. 아름다운 아내를 얻게 된 전라 감사의 아들은 그 보답으로 자기 여동생을 소개해 매부로 삼았다. 한편 집을 나갔던 동생은 그 후 서울에 가서 과거에 급제하고 서울에서 혼인하였다. 얼마 후 세 사람이 천안 삼거리에서 만나 천안이 맺어준 인연을 기념하여 버드나무 한 그루씩 심었는데 형은 경상도로 가는 길목에, 동생은 서울로 가는 길목에, 전라 감사의 아들은 전라도로 가는 길목에 심었다는 이야기다.

양반과 기생의 애틋한 사랑 이야기건, 전쟁으로 헤어진 부녀의 슬픈 이야기건, 경상도 선비와 전라도 선비의 우정 이야기건 천안 삼거리 '흥타령' 에 얽힌 전설은 봉건시대 계층 · 지역 간 갈등을 바탕에 깔고 있다는 점에서 공통적이다. 신분을 초월한 사랑, 지역을 초월한 우정이 담긴 이야기다. 이 이야기의 배경이 된 천안이 바로 그런 곳이다. 전라도 남원 길과 경상도 안동 길이 이곳에서 갈라진다. 과거 시험 보러 가는 선비와 주막 기생들이 사랑을 나누던 곳, 전라도 사람과 경상도 사람이 술잔을 나누며 우정을 나누던 곳이었다. 천안은 여행길에 지친 나그네들이 쉬어 가는 곳이었다. 그래서 선교사들은 천안(天安)을 영어로 'heavenly peace' 혹은 'heavenly rest', 즉 '천국의 평화', '천국의 쉼'이라고 번역하였다.

천안의 복음 선교도 서울에서 남도로 가는 전도인들의 여행길을 따라 이루어졌다. 즉, 수원까지 내려온 복음의 흐름이 천안을 거쳐 공주와 진천 쪽으로 갈라졌는데 공주 길로는 감리교회가, 진천 길로는 성공회 선교가 이루어졌다.

감리교회의 천안 선교

감리교회의 경우 미감리회가 1902년 수원에, 1903년 공주에 각각 교회를 설립하였고, 이로인해 천안은 수원-공주 길을 오가는 선교사들의 '선교 구역' 안에 포함되었다. 그러나 천안 주변의 해미, 논산, 예산, 온양, 목천, 병천, 직산 등지에는 1900년대에 교회가 설립되었음에도 천안읍에는 1910년대 후반이 되어서야 본격적인 선교가 이루어졌다. 즉, 1915년 봄에 공주에서 목회하던 안창호(安昌鎬) 목사와 최베시 부부가 '1천 호가 넘는 천안에 교인 가정 하나 없음을 안타깝게 여기고' 천안읍으로 이주하여 셋방을 얻어 집집마다 다니며 전도한 것이 천안 선교의 시작이다. 이로인해 천안에는 불과 3개월 사이에 교인 50여 명이 생겼다. 그래서 1년 안에 천안읍에서 가장 번화한 삼거리 근처 읍내리(현 사직동) 151번지 일대에 8백 평 땅과 8칸짜리 예배당을 마련하고 교회를 시작하였다.

그 후 천안읍감리교회는 급속한 발전을 이룩하여 1918년 천안지방회를 조직하기에 이르렀다. 그러나 이듬해 3·1운동이 일어나자 천안지방 교인들이 적극 참여하여 많은 피해를 입게 된다. 그 중에도 천안 동구역에 속했던 병천(아오내)교회의 유관순 일가족이 전개한 시위와 희생은 천안지방 3·1운동사의 대표적인 이야기로 기록되고 있다. 그때 안창호 목사도 시위를 주동한 혐의로 체포되어 4개월 동안 옥고를 치른 후 진남포로 떠났고, 천안북 구역을 담임했던 정재관 목사는 만주로 망명하였다. 이처럼 천안교회는 3·1운동으로 큰 피해를 입었지만 오히려 지역 주민들의 교회 인식은 더욱 좋아져서 1920-30년대 천안지방은 감리교회에서 교세 성장이 두드러진 곳으로 기록되고 있다. 일제말기엔 3·1운동 때 민족대표로 참여했던 신석구 목사가 이곳에서 목회하면서 신사참배를 거부했다가 투옥되기도 했다.

그러나 이런 역사와 전통을 지닌 천안읍교회도 해방 후 잦은 교회 분규를 겪으면서 그 모습이 상당히 변하였다. 천안읍교회의 역사와 전통은 천안제일교회(문화동)와 천안중앙교회(성황동)로 나뉘게 되었고 사직동에 있던 24칸짜리 함석지붕 예배당 건물은 물론이고 목회자 사택과 기숙사로 쓰였던 'ㅁ자 형' 12칸짜리 주택 건물도 허물려 사라진 지 오래다. 이는 죄의식 없이 전통 문화를 파괴했던 1960년대 개발시대가 교회의 분열시대와 겹쳤던 탓이기도 하다.

성공회의 천안 선교

이에 비하면 성공회는 한층 여유 있는 역사와 문화유산을 간직하고 있다. 교회 설립 90년이 넘은 천안 부대동교회가 그곳이다. 천안에서 성환 쪽으로 새로 뚫린 4차선 길로 4킬로 정도 달리다 보면 신부동을 지나 부대동에 이른다. 이곳은 1963년 천안이 시로 승격되면서 부대동이 되었지만 그 전엔 천안군 북일면(北一面) 부대리(富垈里)였다. 부대리는 '부토리'(富土里)와 '새터리'(新垈里)가 합쳐져 생긴 마을이다. 높지 않은 산자락에 60호쯤 되는 마을이 길을 따라 '동뜸'과 '서뜸'으로 나뉜다. 평범한 농촌 마을이지만 이곳은 한말 이후 고개 넘어 직산에서 금이 나오면서 '일확천금'을 노리고 흘러 들어온 사람들로 제법 붐볐다. 부대동 마을 입구에 있는 '김봉서공시혜기념비'(金鳳瑞公施惠記念碑)도 그런 역사를 담고 있다. 1938년 3월 15일에 설립한 것인데, "昭和 十三年"이란 일본식 연호 표

▲ 김봉서 기념비

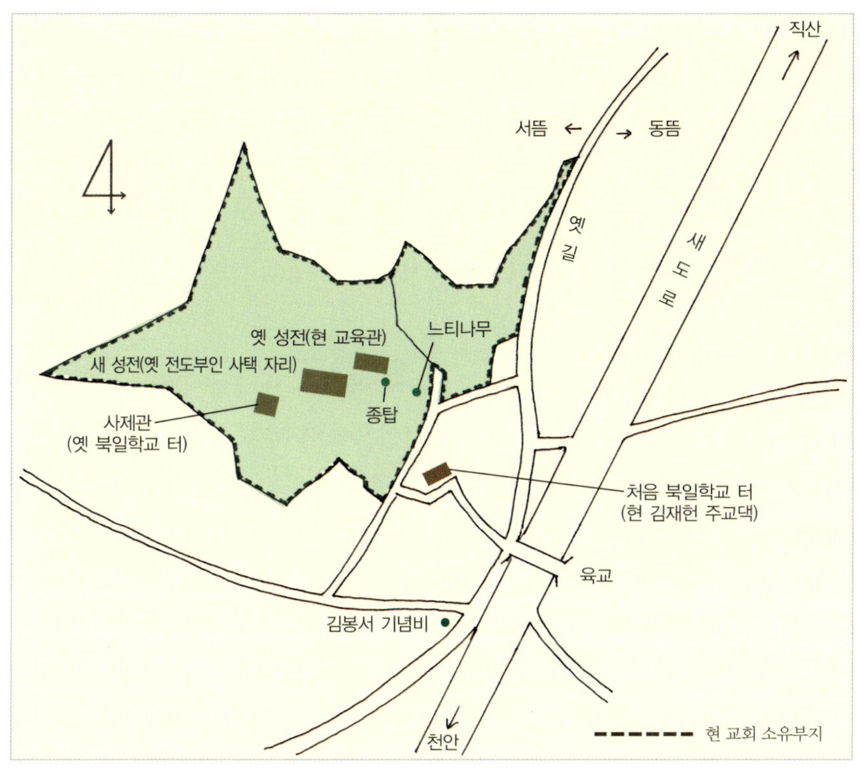

▲ 천안 부대동교회 부지

기를 쪼아 없애고 새로 "西紀 一九三八年"이라 새겨 넣은 것이며, 비석 아래쪽으로 총탄에 크게 패어 나간 상처가 8·15해방과 6·25전쟁을 겪은 이 마을의 역사를 말없이 증언하고 있다. 이 비석의 주인공인 김봉서는 본래 아산군 음봉 사람이었는데 한말 '빈손으로' 부대리에 들어와 살면서 직산 금 사업에 손을 댔다가 '노다지가 터져 나와' 큰 부자가 된 입지전적 인물이다. 성공회 교인으로 교회와 학교에 돈을 많이 댔으며 자선 사업도 많이 하였다. 비석은 그의 고희(古稀)를 기념하여 마을 사람들이 세운 것이다.

부대리 마을에 처음 복음을 전한 인물은 성공회의 브라이들(G. A. Bridle) 신부와 전재익(요한) 전도사였다. 이들은 1905년 수원에 선교부를 개척한 후 남쪽으로 지역을 확장하고 있었다. 그 과정에서 길가에 있던 부대리에도 복음이 '떨어뜨리듯' 떨어진 것이다. 부대리에서 처음 신앙을 받아들인 사람들은 서뜸의 권헌식(요한)과 오원종(아단), 동뜸의 임종영(요셉)과 김모이서(모세) 등이었다. 이들은 전재익 전도사에게 복음을 전해 듣고 곧바로 마을에 교회를 세우기로 하였다. 1907년 10월에 브라이들이 본국에 보낸 편지에서 당시 사정을 읽을 수 있다.

"천안지방에서 일하고 있는 전요한에 대해서는 아무리 칭찬해도 지나칠 것이 없습니다. 수원에서 180리 떨어진 천안지방에서 그가 전도한 결과 아주 놀라운 업적을 이루었습니다. 천안읍에서는 지난 두 달 동안 주일마다 집회를 열었는데 구도자가 70명에 이릅니다. 그곳 교인들은 자기들 힘으로 성전을 마련하기로 논의하고 있습니다만 이번 겨울을 지나봐야 결과를 알 수 있을 것 같습니다. 천안읍에서 북쪽으로 10리 떨어진 부대리에서는 그곳 교인들이 90원을 헌금했는데 여기에다 주교님이 80원을 보태서 오는 11월에 성전을 마련하고 세례자 요한의 이름으로 봉헌할 예정입니다. 이곳에는 1백여 명 구도자가 있는데 성전만 마련되면 그중 40여 명은 학습자로 받아들일 수 있을 것입니다"(Morning Calm, Jan., 1908, 22쪽).

부대리 교인들이 서뜸 언덕에 마련한 6칸짜리 초가집 성전은 1907년 11월 4일, 터너 주교에 의해 '성세자요한성당' (Church of St. John the Baptist)으로 축성되었다.

부대리 북일학교

교회를 설립한 부대리 교인들은 곧바로 학교도 설립했다. 1908년 봄, 전재익 전도사의 보고다.

"텬안 부토리 형데들이 각각 연보하야 해쳐에 학교를 셜립하고 음이월 일일브터 개학하엿사온대 학도가 사십여 명이옵고 한문 교사 리규동 씨와 일어교사 박병무 씨의 열심 교육함으로 졈졈 흥왕할듯 하오니 해쳐에

▲ 천안 부대 초등학교(북일학교 후신)

밋난 형뎨의 열셩과 교사 제씨의 의무를 찬성하오면 텬쥬끠 영광을 돌니나니다"(〈교회월보〉, 1908. 6, 13쪽).

이것이 1908년 3월 3일(음력 2월 1일)에 설립된 '북일학교'(北一學校)다. 다른 지역에서는 선교사들이 학교를 세우고 '신명학교' 혹은 '진명학교'라는 통일된 명칭을 붙였지만 천안에서는 교인들이 설립 기금과 건물을 마련하고 학교 이름도 지역 이름을 따 '북일' 학교라 했던 것이다. 1910년 이후 선교부의 재정 지원을 받기는 했으나 주요 경비는 부대리 주민들이 부담하였고, 1921년 12칸짜리 한옥 기와집 교사를 지을 때도 선교부 도움을 받지 않았다. 부대리 교인들의 주체적인 선교 자세가 돋보이는 대목이다. 이처럼 천안의 최초 사립학교로 설립된 북일학교는 일제시대 내내 유지되다가 1946년 공립 부대초등학교로 연결되었다. 그리고 부대리 '북일학교' 출신 실업가 김종희가 1971년 천안시 신부동에 설립한 '야구명문' 천안북일고등학교도 '북일학교'의 전통을 이은 것이라 할 수 있다. 한화그룹을 창설한 김종희(디도)는 자유당과 민주공화당에서 5선 국회의원을 지낸 김종철(디모데)의 동생이기도 하다. 이들 형제의 아버지 김재민(바오로)은 마을 입구에 세워진 송덕비의 주인공인 김봉서의 사촌 동생으로, 같은 무렵 부대리로 들어와 성공회 교인이 되었다. 결국 음봉 출신 김씨 일가에게 이곳 '부대'(富垈)는 말 그대로 부를 이룬 기반이 되었다.

그래서 부대동교회는 '부자 교인'들을 배출한 교회답게 여유가 있다. 골목길로 해서 부대동성당으로 들어서면 넓은 부지에 자리 잡은 2층 높이의 120평 규모 성전이 한 눈에 들어온다. 1986년에 교회 소유 토지 8백여 평을 떼어 팔고 김종희의 아들인 김승연(프란시스) 한화그룹 회장이 내놓은 '2천만 원' 헌금으로 여유 있게 지은 건물이다. 지금도 부대동교회는 성공회 안에서 교회 소유 토지가 가장 많은 교회로 꼽힌다. 해방 후 이런 저런 이유로 떨어져 나간 땅이 상당하였음에도 현재 교회 소유로 되어 있는 땅이 1천7백 평 되는 뒷산을 빼고도 대지만 2천7백여 평에 이른다.

"부대리에는 선교사들이 사 놓은 땅도 있었지만 교인들이 바친 땅도 상당히 많았습니다. 영국 선교사들에게 영향을 받아 그랬는지 모르겠습니다만, 부대리에선 교인이 죽으면 그 후손들이 유산으로 물려받은 땅의 일부를 조상을 기념하여 교회에 바치는 것이 전통처럼 되었지요. 그 바람에 한때는 부대리 전체의 반 정도가 교회 땅이었습니다. 거기서 나오는 도조(賭租)만 해도 쌀 열 가마가 넘었지요. 도조로 교회를 운영하고도 남아 수원에 있는 고아원을 도와줄 정도였습니다."

김모이서의 손자인 김재헌 주교(부산교구장)의 증언에서 일제시대 '여유 있는' 교회의 모습을 짐작할 수 있다. 그렇게 해서 조성된 넓은 교회 부지에 성전과 학교 건물은 물론이고 사제관과 전도부인들의 숙소까지 여유 있게 자리 잡을 수 있었다.

마굿간으로 쓰였던 성전

1986년 새 성전을 지으면서 '교육관'으로 용도 변경이 된 옛 성전 건물은 압도적으로 큰 새 성전 건물에 눌린 데다 사방으로

▲ 부대동성공회 입구

소나무, 측백나무, 대나무, 은행나무 등으로 둘러싸여 있어 잘 보이지 않는다. 그러나 가까이 다가가 살펴본 옛 성전 건물은 1981년 김종희가 '3백만 원'을 내서 지붕과 내부를 대대적으로 수리한 덕분에 건축 당시 원형을 그대로 간직하고 있는 아름다운 토착 건축물이다. 1921년 11월 4일 트롤로프 주교에 의해 축성된 이 성전은 단층 한옥 건물로 동서를 축으로 하여 동쪽에 제단을 설치하였다. 서쪽으로 양 옆에 출입구를 만들었는데 뒤편 중앙에 출입구를 하나 더 낸 것이 특이하다. 양쪽 출입문은 남녀 신도들의 출입문이었고 중앙문은 평상시엔 사용하지 않다가 혼인미사와 장례미사 때만 사용하였다. 중앙문이 신혼부부와 죽은 자에게만 열린다는 것이 참 아이러니하다. 지붕은 홑처마에 조선식 기와로 올렸고 팔작지붕 합각면에 십자가 장식을 새겨 놓았다. 벽체는 화강암 기초석 위에 붉은 벽돌로 쌓아올려 견고하면서도 색의 조화를 이루고 있으며, 반만 격자무늬를 댄 창문에서 채광에 신경을 쓴 옛 목수의 지혜를 읽을 수 있다. 내부 구조는 교육관으로 쓰면

▲ 종탑과 옛 성전 건물

서 제단 쪽을 막아 주방으로 꾸미는 등 변화가 많지만 옛 성전의 모습을 그려내기엔 어렵지 않다. 들보와 기둥이 시원하게 드러나 보이는 연등천장에 납도리 7량식 구조를 취하고 있으며 12개 기둥들로 측랑(側廊)과 신랑(身廊)이 구별되는 바실리카 양식이다.

"6·25 때 공산군들이 미군 폭격을 피해 이곳 성전 건물을 마구간으로 사용했지요. 그 바람에 제단을 비롯해서 성전 기물들이 모두 파괴되었지요. 수복 후 한동안 교인들은 말 똥 냄새를 맡으면서 예배를 드려야 했습니다. 당시 신도회장이셨던 아버님(차솔로몬)께서 성작과 성반, 놋 십자가, 촛대, 유향합, 대례복 등은 땅에 묻어 숨긴 덕에 그것은 지킬 수 있었습니다. 교회 뒤편에 있던 성천도 요행히 그대로 남았어요."

▲ 옛 성전 출입문

부대리교회 출신으로 해방 전후 격동기를 북일학교 교사로 활약한 차경준의 증언이다. 성물을 지킨 차솔로몬은 본래 아산군 신창 출신이었는데 다섯 살 때 동학 난리를 만나 할아버지와 아버지를 잃고 어머니(김마리아) 손에 이끌려 부대리로 들어와 권헌식 집안에서 양육되었고 전쟁 중에도 부대동교회를 지켰다. 그때 지킨 성물들이 대부분 새 성전으로 옮겨져 지금까지 사용되고 있다. 그중에 눈에 띄는 것

▲ 화강암 기초석 위에 붉은 벽돌로 쌓아 올려 견고하면서도 색의 조화를 이루는 옛 성전

◀ 성작(聖酌)

이 은으로 만든 성작(聖酌)이다. 바닥에 "祝永遠安息 權요한別世記念 一九三三. 十. 二. 別世"라 새겨져 있어 부대동교회 개척 교인 권헌식의 별세를 기념하여 그 후손들이 바친 것임을 알 수 있다. '성천'(聖泉)으로 불리는 세례대도 새 성전 뒤쪽에 남아 있다. 다른 곳의 세례대는 대부분 화강암 혹은 대리석 같은 돌로 되어 있는데 부대동교회 것은 나무로 되어 있는 것이 특이하다. 초가집 성전 때부터 사용된 것으로 뚜껑을 열면 은대야가 있고 팔각 받침대에는 '洗滌罪惡賴神重生'(죄악을 물로 씻고 하느님을 의지하여 거듭날지라) 여덟 글자가 돌려가며 양각으로 새겨져 있다.

▲ 성천이라 불리우는 세례대

聖公會? 成功會?

▲ 구세실 주교 별세기념으로 세운 종탑

옛 성전 동쪽으로 철제 종탑이 있다. 소리가 맑았던 영국제 종은 일제말기 공출되어 없어졌고 지금 것은 해방 후에 마련한 것으로, 1966년 6월 9일에 '구세실 주교 별세 기념' 으로 세운 것이다. 구세실 주교는 1908년부터 15년 동안 천안 부대리교회를 맡아보면서 천안지역 선교의 기초를 닦은 후 1930년 한국 성공회 4대 주교가 된 쿠퍼(A. C. Cooper) 신부를 말한다. 부대동 초대 교인 오원종의 아들로 쿠퍼 신부에게 유아세례를 받은 후 이곳 출신으로는 제일 먼저 신학을 하고 사제가 된 오상옥 신부(은퇴)의 회고다.

"인도 총독을 지낸 영국 귀족의 자제분으로 알려진 구 신부님은 한국말에도 능하셨고 유머가 풍부했으며 한국 음식도 잘 드셨지요. 축구 선수 출신답게 운동도 잘했고 사냥총도 두 자루나 갖고 계셨어요. 신부님 방에는 각종 의약품이 준비되어 있어 교인이든 아니든 부상을 입으면 찾아가 치료를 받았어요. 설날이면 5전짜리 은동전을 준비하고 세배 온 아이들에게 나누어 주셨는데 그래서 설날이면 아이들이 제일 먼저 찾아 간 곳이 구 신부님 댁이었어요."

쿠퍼 신부는 영국 신부로는 드물게 '한국적' 이었고 '목회 중심'의 선교사였다. 이런 쿠퍼 신부의 헌신적인 목회 활동으로 부대동 주민의 90% 이상이 교인이 되었고 부대동교회는 백석포, 둔포, 병천, 산직말, 온양, 양대, 목천, 예산 교회들로 이루어진 천안전도구의 중심 교회가 되었다.

"일제시대 누구든 부대리로 들어오면 의례 성공회 교인이 되었고 자녀들은 북일학교에 다녔다고 합니다. 그 결과 시골 마을이면서도 일찍 개화해서 많은 인재를 배출했지요. 이곳 출신 사제로 김재헌 주교님을 비롯해 오상옥, 김병훈, 윤경상, 차준섭 신부님이 나왔고 평신도로는 김종철, 김종희 형제를 비롯해 임요셉 집안에서 임흥식, 임흥진, 임흥섭 형제, 권요한 집안에서 권오진 등 서울과 외국에 유학 가서 출세한 교인들이 많았어요. 복음이 들어와서 변화된 대표적인 마을이지요. 이런 역사적 전통을 살려 옛 성전 건물을 박물관으로 꾸며 자료를 전시하고 싶습니다."

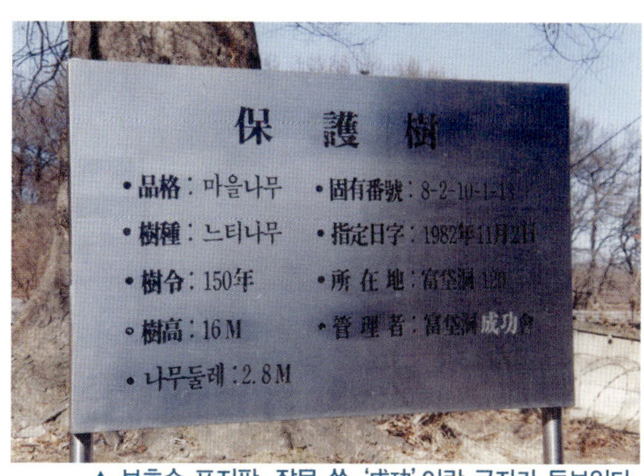

▲ 보호수 표지판. 잘못 쓴 '成功'이란 글자가 돋보인다.

4년 전에 부대동교회 주임 사제로 부임하여 교회 역사 자료를 정리하려고 애를 쓰고 있는 홍성만 신부의 계획이 이루어지기를 기대하며 교회 마당으로 내려서는데 2백 년은 넘었을 느티나무가 가는 손님을 배웅한다. 이 느티나무는 1982년 '마을 나무'로 지정된 보호수인데 천안시에서 만들어 세운 안내판에는 "富垈洞 成功會"로 표기되어 있다. 교회측에서 '成功' 부분을 하얗게 베껴 놓은 것이 미소를 짓게 한다. 지난해 '성공회'란 교회 명칭이 일반 사회에서 '성공을 도모하는 회' 혹은 '상공회의소 부속기관' 쯤으로 오해한다면서 젊은 사제들이 교회 명칭을 바꾸어보려고 시도했다가 실패했다는 기사를 본 적이 있어 안내판을 보면서 성공회 교인들의 작은 고민을 읽을 수 있었다. 이곳 천안에서 그런 식의 오해가 증명된 셈이다. 하긴 일반 사람들이 교회를 '예수 믿어 성공한 사람들의 모임'으로 이해했다면 이보다 성공적인 이름이 어디 있겠는가?

뒷이야기

경부선을 타든, 호남선을 타든 기차가 천안역을 지날 즈음이면 예외 없이 '천안 명물' 호도과자를 파는 홍익회 회원이 객실에 나타난다. 지금은 전국 어느 휴게소를 들러도 '호도과자'를 살 수 있고, 맛도 천차만별이어서 어느 것이 진짜 '천안 호도과자'인지 분간하기 어렵다. 그래서 호도과자의 본래 맛을 보려면 천안역 앞에 있는 '학화(鶴華) 호도과자집'으로 가면 된다. 거기서 천안 호도과자를 처음 만든 심복순 권사를 만날 수 있다. 천안 호도과자는 1934년 조귀금, 심복순 부부가 천안에 정착하면서 개발되었다. 일본에서 제과 기술을 배워 온 조귀금은 일본의 '만쥬'(饅頭, 밀가루와 설탕, 달걀 등을 사용하여 만든 만두 모양의 일본 과자) 과자를 천안 특산물인 호도와 접목시켜 천안 특유의 과자를 만들어내었다. 즉 과자 내용물에 팥과 호도를 첨부하고 과자 모양도 호도 모양으로 찍어냄으로 '천안 명물' 호도과자가 탄생된 것이다. 독실한 신앙인인 심복순 권사는 남편이 별세한 뒤 '학화 호도과자'를 맡아 운영하면서 사업을 '복음 전도'의 기회로 삼았다. 과자 상자

안에 전도지와 쪽복음을 넣어 판매하였고, 사업 수익금을 개척교회 지원과 구제금으로 사용하여 수십 군데 교회를 개척 설립하는 결과를 얻었다. 지금은 구십 고령이어서 과자점에 자주 나올 수 없지만 틈틈이 과자점에 나와 손님을 맞으며 잔잔한 미소로 '무언의 전도'를 하고 있다. 따라서 천안역 앞 학화과자집에 들러 심복순 권사를 만나 얘기도 듣고 60년 전통의 호도과자 맛을 보는 것으로 천안 답사의 마지막 코스를 잡는 것도 은혜가 될 것이다.

곰 마을의 개화 바람

- 공주 선교부와 영명학교 -

1998년 〈기독교사상〉에 이 글을 쓰고 난 후 신대교회를 비롯하여 청주지역 교회사 유적지를 답사할 기회가 많았고 그 과정에서 청주지역 교회사 발굴과 정리 작업에 깊은 관심을 두고 있던 연구자들을 많이 만났다. 청주제일교회의 이쾌재 목사님을 비롯하여 그 교회 최동준 장로, 그리고 청북교회의 안재명 장로와 충북대학교 사학과 전순동 교수 등이 답사 때마다 많은 도움을 주었다. 그 중에도 이쾌재 목사님은 충북 지역 초기 선교 자료를 모아 『충북노회 사료집』(1999년)을 펴내 충북 지역 기독교사 연구의 기본 자료를 정리하였다. 이 분들이 중심이 되어 1999년 '충북기독교사연구회'(회장: 최동준, 총무: 전순동)가 조직되어 충북 지역 교회사와 관련된 연구와 선교 유적지 답사, 자료집 발간 등 다양한 분야에서 활발하게 움직이고 있으며 2002년에는 충북기독교선교100주년기념사업회 이름으로 방대한 분량의 『충북기독교백년사』(전순동 집필)를 발간하였다. 충북(충주) 출신인 나로서는 더없이 반가운 일이다.

충청도에서 찾아보기!

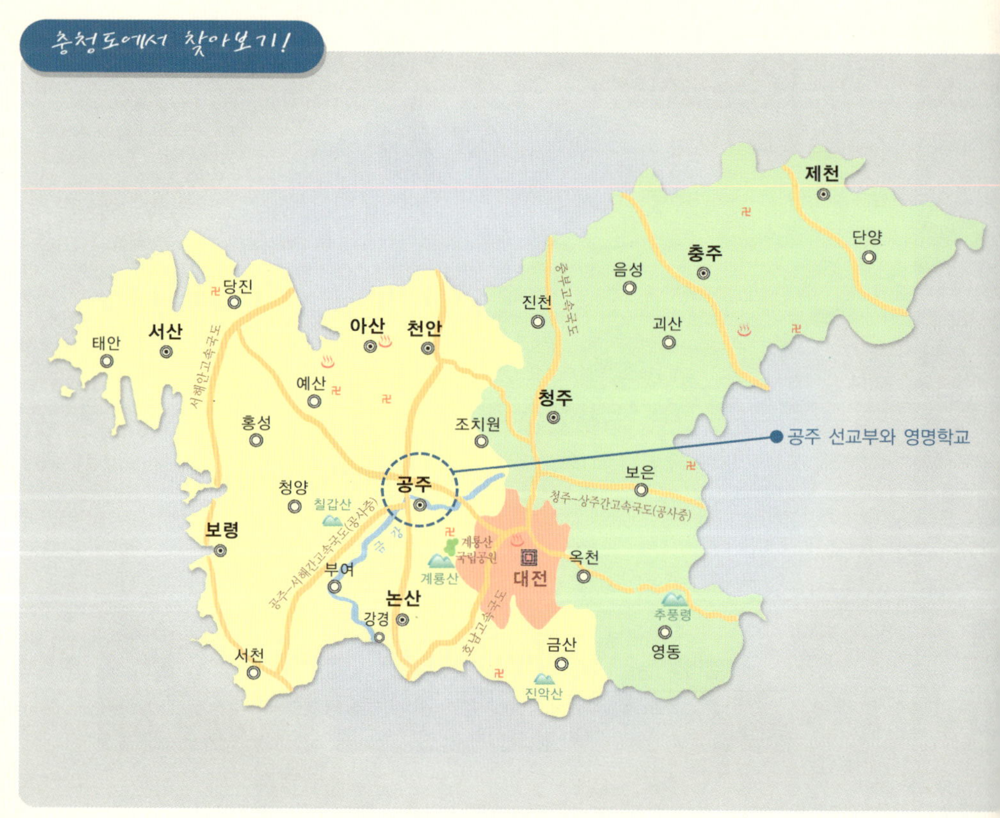
제천
단양
충주
음성
중부고속국도
진천
괴산
당진
서산
태안
아산
천안
서해안고속국도
예산
청주
홍성
조치원
공주 선교부와 영명학교
공주
보은
청양
칠갑산
청주~상주간고속국도(공사중)
보령
공주~서해간고속국도(공사중)
계룡산 국립공원
대전
옥천
부여
계룡산
논산
추풍령
강경
호남고속국도
금산
영동
서천
진악산

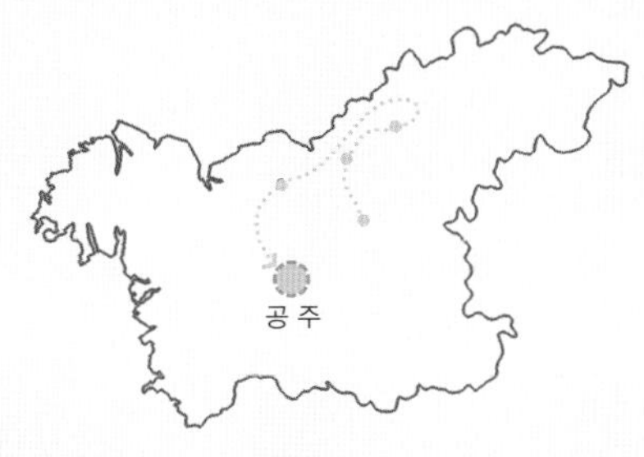

곰 마을의 개화 바람
– 공주 선교부와 영명학교

"옛날, 물 깊은 금강 나루 근처에 암곰[熊女] 한 마리가 살었대유. 짝이 없어 외로웠던 곰은 어느 날 강에서 고기를 잡고 있던 사람을 납치해서는 굴속으로 데려 왔구먼유. 곰은 사람이 도망칠까봐 먹이를 구하러 밖으로 나갈 때마다 입구를 돌로 막었대유. 그렇게 여러 해를 지나는 동안 곰과 사람은 부부가 되었고 그들 사이에 새끼가 둘이나 생겼대유. 그쯤 되자 곰은 '이제는 도망가지 않겠지.' 안심하고 하루는 굴을 막지 않고 나갔대유. 그런데 먹이를 구해 돌아와 보니 사람은 도망쳐 이미 강나루를 건너고 있었대유. 곰은 새끼 둘을 들어 보이며 '돌아오라.' 소리쳤건만 사람은 뒤도 돌아보지 않고 도망쳤시유. 슬픔에 잠긴 곰은 새끼 둘을 안고 강물에 몸을 던져 죽었대유. 그때부텀 그곳 나루를 건너는 사람들은 물에 빠져 죽거나 배가 뒤집혀 재난이 그치지 않았대유. 사람들은 곰의 한(恨)이 사무쳐 그런 것이라며 사당을 지어 매년 죽은 곰

▲ 공산성

의 넋을 위로하는 제사를 지냈시유. 그러자 재앙이 그쳤고 그 후로 사람들은 그곳을 '곰나루'라 불렀다는구만유."

공주(公州)의 옛 이름, '곰나루'(熊津)에 얽힌 이야기다. 굴속에서 마늘과 쑥을 먹으며 삼칠일(21일)을 버틴 곰이 소원대로 인간이 되어 인간의 신(환웅)과 결혼하여 아들을 낳았다는 단군신화의 '웅녀 이야기'와 맥이 닿는 이야기다. 이는 고구려에 쫓겨 남쪽으로 내려와 웅진을 도읍으로 삼았던 백제 사람들이 단군신화의 무대가 되는 북쪽 '고조선' 사람들과 종교·문화적으로 연결되고 있음을 보여 주는 증거다. 단군신화에서는 곰이 인내의 수련 끝에 인간이 되어 신과 결합하는 데 성공했다면, 곰나루 이야기에선 곰이 일방적으로 인간을 사랑했으나 끝내 인간의 사랑을 얻지 못하고 죽은

▲ 곰사당

후에야 신으로 대접을 받게 되었다는 점(이 점에서 훨씬 기독론적이다!)이 다르지만 모두가 곰을 수호신(totem)으로 삼았던 옛 사람들의 신앙이 짙게 배여 있는 이야기들이다.

이렇듯 공주는 곰 이야기와 밀접하게 연결되어 있다('공주' 및 '공산성'의 '공'이나 '금강'의 '금'도 '곰'에서 파생된 것으로 볼 수 있다). 우리 민족에게 은근과 끈기의 상징으로 다가오는 곰 이야기에서 공주 사람들, 나아가 백제 사람들의 심성을 느낄 수 있다. 즉 굴 안에 들어앉은 곰의 모습에서 속내를 쉽게 드러내지 않는 공주 사람들의 보수적 기질을 드러내면서도 그러한 인내와 끈기가 인간이 되고 싶은 욕망에서 비롯된 것이라는 점에서 변화를 갈구하는 공주 사람들의 개방적 기질도 잘 표현하고 있다. 공주의

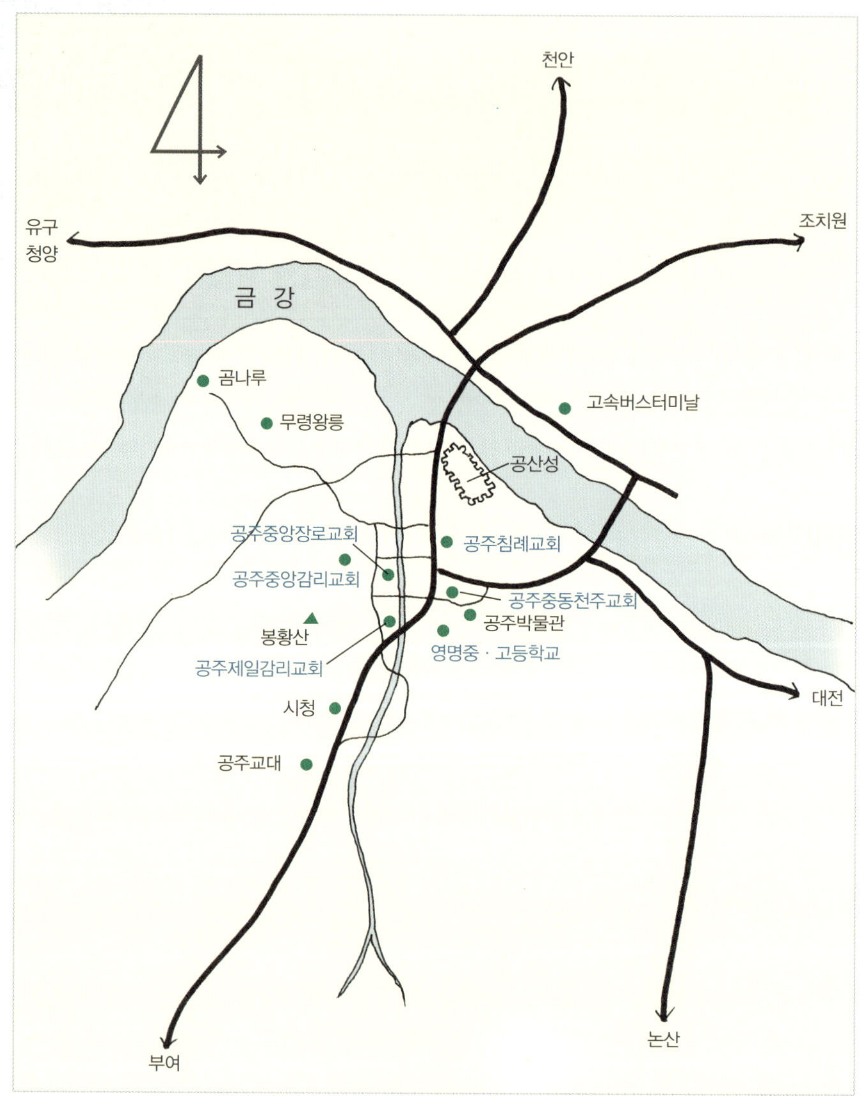
천안
유구
청양
조치원
금 강
곰나루
무령왕릉
고속버스터미날
공산성
공주중앙장로교회
공주침례교회
공주중앙감리교회
공주중동천주교회
봉황산
공주박물관
영명중 · 고등학교
공주제일감리교회
대전
시청
공주교대
논산
부여

▲ 공주 기독교 유적

관문이었던 곰나루에 얽힌 전설처럼 공주는 폐쇄와 개방이 절묘하게 어우러진 곳이다.

공주에서 이루어진 기독교 역사도 이런 보수와 개혁의 긴장 관계 속에서 읽어야 한다. 1890년대 말 공주에 들어온 기독교 복음은 변화와 개혁의 출발을 의미하였다. 특히 충청도에서도 제일 보수적인 고을이라 일컬어지던 공주에 외국인 선교사들이 등장한 것은 변화의 물결이 공주에도 이르렀음을 의미하였다. 그 변화의 흐름을 감리교회와 침례교회가 이끌었다.

감리교의 공주 선교

감리교회의 공주 선교는 미감리회 한국 선교연회에서 1896년에 수원과 공주를 한 구역으로 묶어 스크랜튼(W. B. Scranton)을 구역 담임자로 임명한 것에서 비롯된다. 미감리회 선교부에서는 충청남도 도청 소재지인 공주를 충청지역 선교의 거점으로 삼으려 했던 것이다. 그때부터 스크랜튼을 비롯하여 스웨어러(W. C. Swearer), 존스(G. H. Jones) 등이 여러 차례 공주를 방문하여 선교 가능성을 모색하였고, 마침내 1903년 의료 선교사였던 맥길(W. B. McGill)이 개척선교사로 파송되었다. 1889년에 내한하여 서울 상동병원을 설립하였고 원산 선교를 개척한 바 있는 맥길은 1903년 7월, 한국인 전도자 이용주(李用周)와 함께 공주에 들어와 공주군 남부면 하리동(下梨洞, 지금의 공주시 중학동)에 자리 잡았다. 맥길은 언덕 아래쪽으로 초가집 두 채를 구입하고 진료실과 예배실로 사용하였다. 불과 1년 사이에 20여 명의 교인이 생겨났고 그중 8명이 맥길에게 세례를 받았다. 그러나 맥길은 1905년 휴가를 얻어 미국으로 들어갔다가 '개인 사정'으로 다시 나오지 못했다.

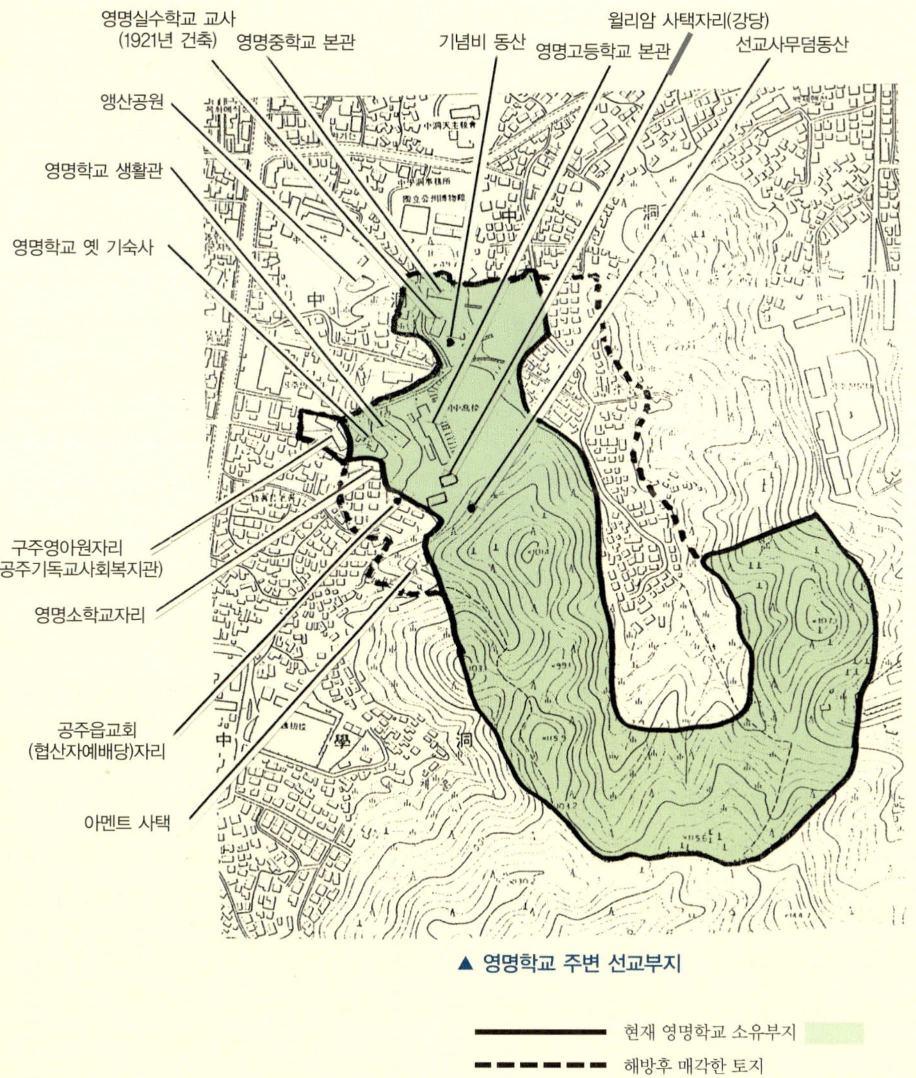
영명실수학교 교사
(1921년 건축)
영명중학교 본관
기념비 동산
월리암 사택자리(강당)
영명고등학교 본관
선교사무덤동산
앵산공원
영명학교 생활관
영명학교 옛 기숙사
구주영아원자리
(공주기독교사회복지관)
영명소학교자리
공주읍교회
(협산자예배당)자리
아멘트 사택
현재 영명학교 소유부지
해방후 매각한 토지

▲ 영명학교 주변 선교부지

▲ 1920년대 공주 영명학교 부근

선교부는 두 번째로 샤프(R. A. Sharp)를 공주에 파송했다. 1903년 4월에 내한한 샤프는 그해 6월, 3년 앞서 내한해서 이화학당 교사로 있던 해먼드(A. Hammond)와 결혼하고 정동제일교회와 배재학당에서 가르치고 있었다. 샤프 부부는 1904년 여름에 공주로 내려왔다. 배재학당 졸업생으로 샤프의 한국어 선생이었던 윤성렬(尹聲烈)이 동행하였다. 샤프는 우선 선교사들이 살 주택을 마련해야 했다. 일어서면 머리가 천장에 닿고 다리를 꾸부리고 자야 하는 한옥은 키 큰 서양인이 살기에 아주 불편했다. 샤프는 하리동 언덕 위쪽에 지하 1층, 지상 2층짜리 벽돌 건물을 지었다. 1905년 11월, 공주뿐 아니라 충청도에서는 처음 보는 '서양집,' 양관(洋館)이 완성되는 날, 공주 사람들이 이 집을 구경하려고 몰려들었다. 그들은 부러운 듯 집안을 둘러보았다.

"목사, 당신은 천당에 갈 필요가 없겠소."

"……"

"이렇게 깨끗하고 좋은 집에서 사니 천당인들 이보다 더 낫겠소?"

그러나 샤프가 '천당 같은' 이 집에서 산 기간은 삼 개월도 되지 않았다. 샤프는 1906년 2월 말, 사경회를 인도하기 위해 논산 은진 지방으로 갔다가 발진티푸스(이질)에 걸려 손도 못 써보고 3월 15일 공주 집에서 별세하였다. 길 가다가 진눈깨비를 피해 들어간 집이 하필이면 상여를

▲ 샤프의 무덤

보관하는 곳집이었고 그곳에서 얼마 전 이질로 죽은 시체를 담았던 상여를 만진 것이 화근이었다. 샤프의 무덤은 그가 지은 '천당 같은 집' 뒤편 산 속에 마련되었다.

다음으로 윌리엄즈(F. E. C. Williams, 우리암) 부부가 1906년 10월 공주에 왔다. 윌리엄즈는 1940년 일제에 의해 강제 추방되기까지 35년 동안 공주를 지킨 '공주 선교의 대부' 였다. 이듬해 스웨어러와 테일러(C. Taylor, 대리오), 케이블(E.M. Cable, 기이부) 가족이 합류했고 계속해서 밴버스커크(J. D. Van Buskirk, 반복기), 아멘트(C. C. Ament, 안명도), 파운드(N. Found, 방은두), 보딩(M. P. Bording, 보아진), 사우어(C. A. Sauer, 사월), 올드파더(J. Oldfather, 오파도) 등이 내려왔다.

공주 영명학교

공주에 온 선교사들은 우선 학교를 세워 보수적인 공주 사람들의 마음을 열고자 했다.

샤프 부인은 공주에 내려오자마자 1905년 가을부터 자기 집에서

▲ 영명은 충청남도 지역에 최초로 세워진 학교이다.

여학생들을 모아 한글을 가르치기 시작했다. 이를 '명선여학교'(明宣女學校)라 했다. 그는 1906년 남편을 잃은 후 미국으로 들어갔다가 1908년 다시 공주에 나와 일제말기 추방될 때까지 남편 몫의 공주 선교에 헌신하였다. 한국인들 사이에 '사애리시'(史愛理施) 부인으로 불렸던 샤프 부인은 명선여학교의 후신인 영명여학교에서 많은 인재를 길러냈다. 그는 우선 병천의 시골 소녀 유관순을 데려다 가르치다가 서울 이화학당으로 보내 '3 · 1운동의 영웅'이 되도록 길을 열어 주었다. 그 외에 해방 후 자유당 정부에서 장관을 역임했고 서울 중앙대학교를 설립한 임영신, 한국 최초 여자 경찰서장을 역임한 노마리아, 서울 중대부속고등학교 교장을 역임한 박

화숙, 한국 감리교회 최초 한국인 여자목사 전밀라 등이 영명여학교에서 그의 가르침을 받았다.

남학교는 1906년 10월 15일 윌리엄즈가 하리동 한옥에서 '중흥학교'(重興學校)로 시작하였다. 먼저 내려와 있던 윤성렬과 역시 배재 출신으로 윌리엄즈의 어학선생으로 함께 내려온 안창호(安昌鎬)가 영어를 가르치기 시작했다. 1907년에 학교 이름을 영명학교(永明學校)로 바꾸었고 1915년 남녀 공학의 초등과와 고등과를 설치했다. 윌리엄즈는 '실천적인 학문'을 강조하였다. "자기 학비는 자기가 번다."는 것이 그의 교육 지침이었다. 이를 위해 학교 안에 농장, 가축장, 양잠실, 공구실, 재봉실, 요리실 등을 만들었고, 미국 텍사스 석유회사와 관계를 맺고 학생들에게 '석유 장사' 일자리까지 알선했다. 3·1운동 직후 학생들의 동맹휴학 사태가 빈번해지자 윌리엄즈 교장은 오히려 교사와 학생 동수로 '학생자치활동위원회'를 조직해서 학생들의 창조적인 자치 활동을 적극 지원하였다. 학생들은 이런 윌리엄즈의 지원으로 더욱 적극적으로 주인 의식을 갖고 학교 일에 참여할 수 있었다. 이처럼 '자치'와 '자립'이 윌리엄즈의 교육 이념이었다. 1932년에 고등과를 '영명실수학교'(永明實修學校)로 바꾼 것도 이 같은 교육 이념에서 비롯된 것이다. 이 무렵 영명실수학교를 다닌 황소저 장로의 증언이다.

"그때 별 짓 다 했어유. 오전에는 공부하고 오후만 되면 일을 했는데 남자, 여자 할 것 없이 뽕나무 밭에 나가 일을 했어유. 누에를 키워 실을 뽑구, 그것으로 옷감을 만들어 교복을 해 입었어유. 그때 저두 처음으로 똥지게를 져 봤어유. 우리암 교장이 앞장서서 똥지게를 지는데 학생들이 안 따라 하겠어유? 그것만이 아니지유. 바느질과 음식 만드는 것은 기본이고 토끼, 염소도 키우구, 안 해본 게 없었어유. 그 바람에 영명 나온 여학생들은 신식 교육을 받았으면서도 일 잘한다고 해서 일등 며느릿감으로 뽑혀 갔지유. 옛날에야 그저 일만 잘하면 그만 아니었어유?"

일제시대 영명은 말 그대로 '일꾼'을 길러내는 곳이었다. 농업 지도자뿐 아니라 종교 · 사회적 지도자들도 많이 나왔다. 영명 1회 졸업생으로 미국 유학을 마치고 돌아와 영명에서 후배들을 가르치다가 해방 직후 충남 도지사를 지낸 황인식 장로(황소저 장로의 삼촌)를 비롯하여 초대 내무부 장관을 지낸 조병옥, 도쿄 2 · 8독립선언에 참여했던 윤창석, 공주에서 3 · 1만세운동을 주도하고 옥고를 치른 유준석, 양재순, 노명우, 강윤, 윤봉균, 상해 임시정부 조직에 참여했던 정한범, 소설가 방인근, 홍콩 총영사를 지낸 이요한, 문교부 차관을 지낸 박종만, 국회의원을 지낸 염우량, 이상재, 충남대 초대 총장을 지낸 민태식 등이 일제시대 영명이 배출한 대표적 인물들이다. 여기에 기독교 학교답게 교회 지도자들도 상당수 배출했으니, 감리교 감독을 역임한 변홍규를 비롯하여 김수철, 안성호, 오익표, 강신명, 김만제, 한양희 목사 등이 영명을 나왔으며 현재 기독교계 중진으로 활약하고 있는 표용은(감리교 감독회장 역임), 이정일(부평중부교회 목사), 김기웅(충주남부교회 목사), 김수규(서울 YMCA 회장) 등도 영명 출신이다. 현재 영명 출신 목회자들로 조직된 '영목회'(永牧會) 회원 수만 1백여 명에 이른다고 하니 기독교계에서 영명이 차지하는 비중이 결코 작지 않음을 알 수 있다.

영명 동산의 기념비들

▲ 공주 4 · 19학생혁명기념탑

이처럼 공주와 충남지역 사회에 새로운 변화를 몰고 온 '하리동' 선교 현장도 공주 근대사와 함께 많은 변화를 겪었다. 중동에 있는 국립공주박물관을 왼쪽으로 끼고 차 한 대 간신히 들어갈 수 있는 좁은 골목길로 올라가면 영명중고등학교에 이른다.

"본래 영명학교 입구는 반대쪽 언덕 아래로 나 있었습니다. 그런데 해방 직후 이곳에 주둔해 있던 국방경비대가 불편하다며 이곳으로 새 길을 놓았지요. 그 바람에 집이 헐린 민간인들이 나중에 학교를 상대로 터무니없이 많은 보상을 요구해서 고생 많이 했습니다."

해방 후 영명학교를 재건할 때부터 서무과장으로 시작해서 재단일을 맡아보았던 박우동 장로의 설명이다. 칠십 노구임에도 손수

운전을 하며 답사 길을 안내하는 박우동 장로의 이야기를 들으니 민가고 뭐고 불도저로 '밀어버리던' 군인들의 위세가 쉽게 상상되었다. 그런데 이곳에 주둔해 있던 경비대가 후에 '여순반란사건'의 주동 세력이 되었다니 그것도 흥미 있는 일이다.

학교로 들어가기 전, 오른쪽 언덕에 조성되어 있는 작은 공원을 먼저 둘러보는 것이 좋다. 일제시대 일본인들이 경치 좋은 이곳에 들어와 살면서 언덕에 자기 나라꽃인 벚나무를 집중적으로 심고 공원을 조성한 후 '앵산공원'(櫻山公園)이라 했다. '하리동'이란 동네 이름도 '혼마찌'(本町), '야마토마찌'(大和町) 같은 일본식 이름으로 바꾸었다. 해방 후 '혼마찌'는 중동으로, '야마토마

▲ 황인식 선생 공로비

찌' 는 '중학동' 으로 바뀌었고 이곳에 있던 벚나무들을 베어 내고 소나무로 바꾸어 심었지만 아직도 여기저기 굵은 벚나무들이 남아 있어 일제시대 흔적을 보여 주고 있다. 이런 앵산공원 언덕 마루에 '공주 4 · 19혁명기념탑' 이 있고 그 앞쪽으로 1959년 '공주의 뜻있는 젊은이들' 이 세운 '황인식 선생 교육 공로비' 가 있다. 비석에 새겨진 "하늘을 그리워 꾸기지 않는 마음과 그 손길…" 로 시작되는 영명 졸업생 이원구의 시가 소박하면서도 간절하다. 그런데 아이들의 훼손을 막으려 쇠창살로 비석을 두르고 그것도 모자라 문까지 용접해서 봉해 놓은 것이 영락없이 감옥에 갇힌 죄수 모습이다.

"일제말기 우리암 교장은 쫓겨 들어가면서 학교를 황인식 장로님께 맡겼어요. 그러자 일제는 학교를 빼앗기 위해 교장이신 황 장로님과 이사장 명의로 재산관리를 맡고 계셨던 양재순 장로님을 옥에 가두고 협박했지요. 두 분은 결국 폐교 동의서에 도장을 찍고서야 나오셨습니다."

쇠창살에 갇힌 기념비와 어울리는 박우동 장로의 설명을 들으며 영명학교 안으로 들어서니 르네상스 풍의 건물이 손님을 맞는다.

▲ 영명학교 양관 건물

▲ 영명학교 정초석

영명학교에 남아 있는 유일한 일제시대 건물이다. 미국 선교부에서 보내 준 '선교1백주년 기념 선교기금' 2만5천 달러로 지어져 1921년 10월 15일에 봉헌된 다락이 있는 양철 지붕에 붉은 벽돌 2층 건물이다. 화강암으로 두른 반지하 건물이 밖으로 드러나 언뜻 보면 3층 건물 같아 보인다. 건물 왼쪽 모서리 '모퉁이 돌' 에는 "道出大原 人成良材" 여덟 자가 새겨져 있다. 건물 입구 양쪽으로 서 있는 기념비들이 '학생 기다리는 선생' 같다. 오른쪽 '황인식 교장 공덕비' 는 황인식 장로가 1949년 교장이 되어 영명의 재건 작업을 완료한 후 1957년 정년퇴임할 때 영명 동창들이 세운 것이다. 같은

▲ 우리암 교장 공덕비. 기단석이 정도 이상으로 큰 것이 어색하다.

해 영명 동창들은 '창립자 우리암 선생 공덕비'도 세웠는데 그 모양이 영 어색하다. 1미터가 넘는 화강암 기단 때문이다.

"이 기단은 본래 우리암 교장의 흉상을 얹어 놓았던 동상대였습니다. 영명학교에서는 1936년에 우리암 교장 근속 30주년을 기념해 그의 흉상을 만들어 세웠지요. 그런데 5년 만에 학교가 폐쇄된 후 구리 공출 때 일본 경찰이 흉상을 떼어 갔고 동상대는 내다버렸습니다. 광복 후 영명 동창들이 동상대라도 찾자고 나서 중동초등학교 운동장 한 구석에 버려져 있는 것을 찾아 왔어요."

그렇게 해서 되돌아온 동상대 위에다 흉상 대신 비석을 올린 영명 동창들의 마음을 읽을 수 있을 것 같다.

'설립 교장'과 '재건 교장' 기념비를 안고 있는 옛 영명실수학교

▲ 일제시대 사용했던 오르간

건물은 지은 지 77년이나 되어 내부가 많이 상했다. 그래서 건물 1층만 중학교 미술실로 사용하고 있고 2층은 붕괴 위험 때문에 폐쇄되었다. 1층 복도 구석에 고장 나서 내다버린 복사기 옆으로 낡은 오르간 하나가 먼지를 뒤집어 쓴 채 덩그러니 놓여 있다. 1997년에 편찬한 『영명구십년사』는 이 오르간을 "우리암 교장이 미국에서 가져온 오르간"으로 밝히고 있다. 그렇다면 공주가 낳은 교회 음악가 안신영(安信永)이 학생들에게 노래를 가르치며 쳤던 오르간임에 틀림없다. 박물관에 소중하게 모셔져 있어야 할 유물이 장난치다 교실 밖으로 쫓겨나 벌서고 있는 천덕꾸러기처럼 방치되어 있는 것이 안타깝다.

절집으로 바뀐 선교사 사택

건물 뒤편으로 아담한 정원이 조성되어 있고 1985년 새로 제작해 세운 윌리엄즈 흉상이 보인다. 일제말기 쫓겨 갔던 윌리엄즈는 해방직후 미군정청 농림부 자문위원으로 들어와 군정 초기 정부 조직에 참여하였고 그의 아들(George Zur Williams, 우광복)도 해군 대령으로 함께 들어와 영명 재건 작업을 지원하였다. 윌리엄즈 동상 왼편으로 영명학교의 전신인 명선여학교 설립자 샤프 부인을 기념하는 '사애리시선교기념비'(史愛理施宣敎紀念碑)가 있다. 1938년 9월 2일 그의 선교 30주년을 기념해서 세운 것이다. 신혼 초에 혼자

▲ 윌리엄즈 동상

▲ 샤프 부인 선교기념비

▲ 선교사 묘지 동산

되어 평생을 독신으로 지내면서 남편이 묻혀 있는 '영명 동산'을 떠나지 않고 남편 몫의 일까지 했으니 '열부'(烈婦)란 이를 두고 하는 말이 아닐까? 이 비석도 일제말기 수난 중에 넘어졌던 것을 1985년에 새로 기단을 만들어 세운 것이다.

남편 무덤을 찾아가는 샤프 부인의 심정으로 동산을 오른다. 새로 건축한 고등학교 강당 뒤편으로 곧게 뻗은 소나무 숲길을 오르면 산 중턱에 위치한 무덤 동산에 이른다. 거기엔 샤프의 무덤 외에 선교사 2세 무덤들이 여럿 있다. 윌리엄즈의 두 아들, 올리브(Olive, 1902-1917)와 죠지(George Zur, 1907-1994)의 무덤이 샤프 무덤 앞 쪽으로 나란히 있고 그 아래쪽으로 테일러의 딸(Ester

윌리엄즈의 아들 올리브의 무덤

▲ 아멘트의 아들 로져의 무덤

윌리엄즈의 무덤

▲ 테일러 두 자녀의 무덤

Marian, 1911-1916)과 아멘트의 아들(Roger, 1927-1929) 무덤이 있다. 자신이 태어난 곳이자 형의 무덤이 있는 공주에 묻히기를 원했던 죠지(우광복)의 경우를 빼고는 모두 병들거나 바뀐 환경에 적응하지 못해 희생된 어린 2세들이었다. 세월과 함께 야트막하게 내려앉은 봉분들이 보기에 애처롭다. 한국식 봉분을 했으면서도 무덤들이 하나같이 산자락을 베고 가로누워 있는 모습이 어딘지 어색하다. 동서양의 묘제 양식이 저절로 섞여 만들어낸 결과다.

1960년 개발 시대 이후 '영명 동산'의 환경도 많이 바뀌었다. 일제시대 지은 학교 건물들도 하나 밖에 남지 않았고 공주의 명물이었던 선교사 '양관'도 하나 밖에 남지 않았다. 살아남은 양관은 고

▲ 유일하게 남아 있는 양관. 아멘트가 살던 집이다.

등학교 아래쪽 산기슭, 중학동 9번지에 있는데 지하 1층에 다락지붕을 갖춘 2층짜리 붉은 벽돌 건물이다. 별장 같은 이 집에서 살았던 아멘트는 1917년 내한해서 공주, 천안 지방 감리사를 오랫동안 지냈는데 지방에 다닐 때마다 오토바이에 성경을 비롯한 기독교 서적을 담은 상자들을 싣고 다녀 한국인들에게 '책 궤짝 감리사'로 불렸다. 아멘트는 1940년 쫓겨 들어가면서 이 집을 양재순에게 넘겼다. 영명 출신으로 공제의원(公濟醫院)을 경영하고 있던 양재순은 이 집에서 병원을 하려고 했으나 여의치 못해 해방 후 공주사범학교(현 공주교육대학교)에 넘겼고 그 후 사범학교 학생 기숙사로 사용되다가 얼마 전 개인에게 넘어갔는데 집 주인은 이 집에 '일연암'이란 간판을 걸었다. 절집으로 변한 선교사 사택을 보는 심정이 묘하다.

뒷이야기

1999년 아멘트가 살았던 2층 벽돌집의 소유주가 바뀌었다. 기독교 선교 단체에서 구입하여 '일연암' 이란 간판을 내리고 '선교회' 간판을 붙였다. 공주 선교의 역사적 가치가 큰 양관 건물이 타종교인의 손에 의해 헐리지 않게 된 것이 무엇보다 다행이다. 역사적 가치가 있는 건물인 만큼 공주 감리교회 전체가 나서 재구입한 후 항구적인 보존책을 수립하길 기대한다.

그러나 영명학교 안에 남아 있는 일제시대 유일한 '양관' 건물의 운명은 비참하게 끝났다. 학교측은 처음에 문화재로 지정 받아 보존하려는 의지를 갖고 1998년 충청남도 당국에 '문화재 지정' 요청을 하였는데 심사를 맡아 나온 건축학과 교수들이 "원형이 너무 많이 훼손되어 문화재로 지정할만한 가치는 없다."고 결론 내림으로 건물은 학교의 큰 짐이 되었다. 당국에서는 1999년 문화재로 지정하지는 못하지만 역사적으로 오랜 건물로 보존할 가치는 있다고 여겨 '아름다운 건물' 로 지정하겠다는 통보를 보내왔지만 수리와 보존에 필요한 재정 지원이 전혀 없는 형식적 응답이었다. 결국 학교는 고민하다가 낙후된 건물을 더 이상 방치할 수 없어 2003년

▲ 영명학교 기념비 동산

여름 헐어버렸다. 그러면서 건물 앞에 있던 샤프 부인과 윌리엄즈 기념비도 사라졌다. 철거된 직후, 철거 사실을 모른 채 감신 학생들을 데리고 공주 답사를 갔다가 흔적도 없이 사라진 '옛 건물' 공터를 보고 얼마나 흥분되고 실망이 컸던지! 나도 모르게 목소리가 높아졌다.

"그 많은 대교회 목회자와 정치인, 교육자, 사회 지도자들을 배출했다고 자랑하는 영명에서 하나 밖에 남지 않은 옛 건물, 공주의 근대 교육과 민족운동의 숨결이 담겨 있는 건물 하나 유지하지 못하고 허물어야 했는가? 재단은 뭘 했고, 동문회는 뭘 하고 있었는가? 이것이 1백 년 역사를 내세우는 영명의 문화의식이며, 역사의

식이란 말인가? 윌리엄즈와 샤프 부인에게 부끄럽지 않은가?"

내 목소리가 커지자 정성을 다해 우리를 안내하기 위해 나왔던 영명학교 교사와 직원들이 하나 둘 자리를 떴다. 그날의 '분노'는 한동안 가라앉지 않았다. 그날 이후 공주 답사는 내게 '고민' 거리가 되었다.

'협산자' 예배당의 아름다운 신앙 이야기

- 공주제일교회 -

1998년 〈기독교사상〉에 이 글을 쓰고 난 후 신대교회를 비롯하여 청주지역 교회사 유적지를 답사할 기회가 많았고 그 과정에서 청주지역 교회사 발굴과 정리 작업에 깊은 관심을 두고 있던 연구자들을 많이 만났다. 청주제일교회의 이쾌재 목사님을 비롯하여 그 교회 최동준 장로, 그리고 청북교회의 안재영 장로와 충북대학교 사학과 전순동 교수 등이 답사 때마다 많은 도움을 주었다. 그 중에도 이쾌재 목사님은 충북 지역 초기 선교 자료를 모아 『충북노회 사료집』(1999년)을 펴내 충북 지역 기독교사 연구의 기본 자료를 정리하였다. 이 분들이 중심이 되어 1999년 '충북기독교사연구회'(회장: 최동준, 총무: 전순동)가 조직되어 충북 지역 교회사와 관련된 연구와 선교 유적지 답사, 자료집 발간 등 다양한 분야에서 활발하게 움직이고 있으며 2002년에는 충북기독교선교100주년기념사업회 이름으로 방대한 분량의 『충북기독교백년사』(전순동 집필)를 발간하였다. 충북(충주) 출신인 나로서는 더없이 반가운 일이다.

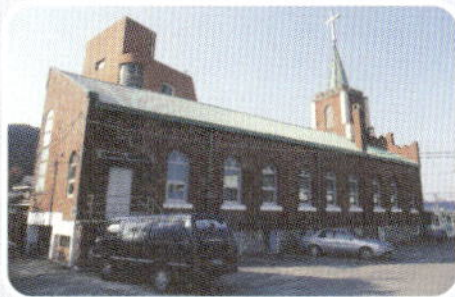

충청도에서 찾아보기!

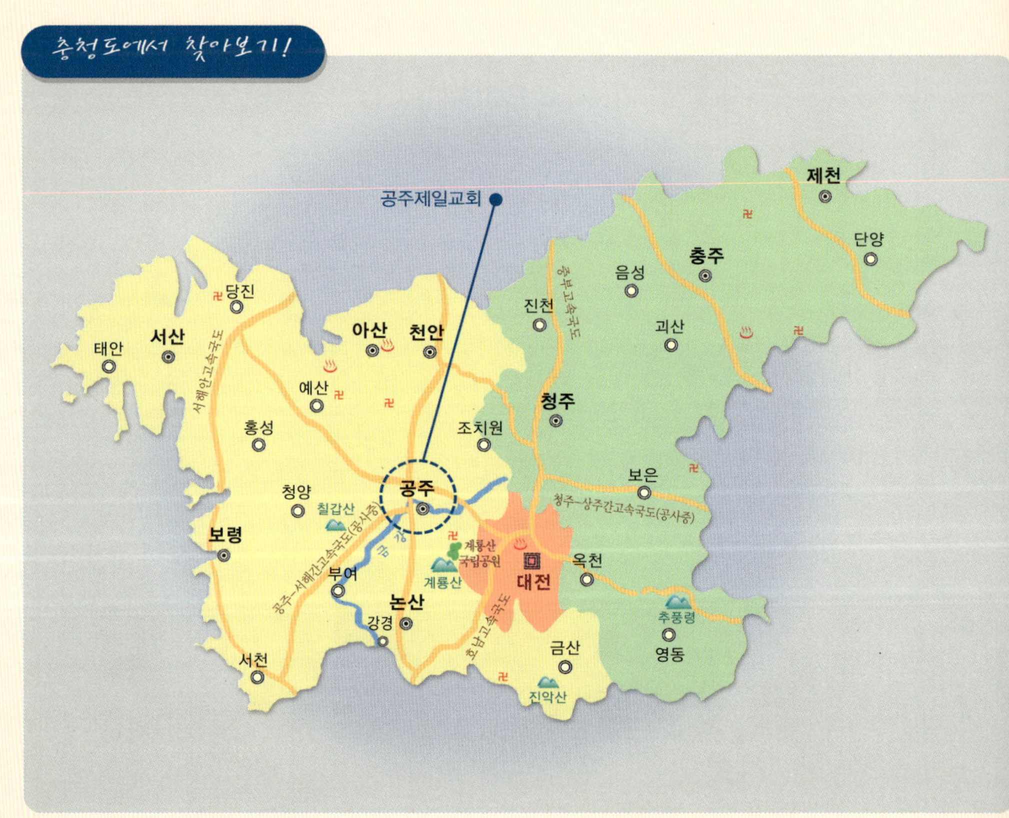

공주제일교회
제천
단양
충주
음성
진천
괴산
중부고속국도
당진
서산
태안
아산
천안
예산
서해안고속국도
홍성
청주
조치원
공주
청양
칠갑산
보은
청주–상주간고속국도(공사중)
보령
공주–서해간고속국도(공사중)
금강
계룡산 국립공원
계룡산
대전
옥천
부여
논산
강경
호남고속국도
추풍령
영동
서천
금산
진악산

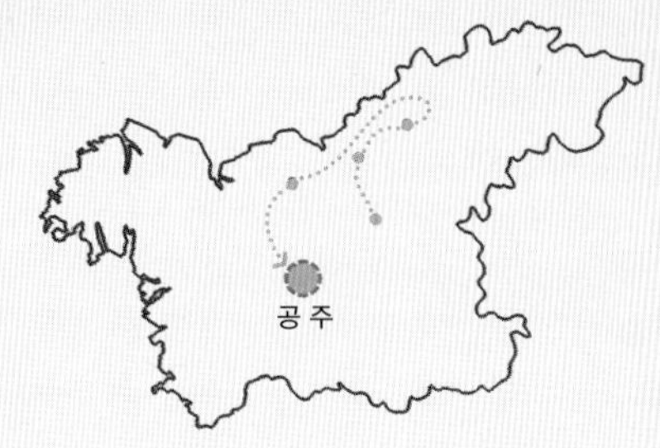

'협산자' 예배당의 아름다운 신앙 이야기
– 공주제일교회

1903년 경부선 철도를 놓을 때 이야기다. 처음 계획은 서울에서 출발하여 경기도와 충청남도 도청이 있는 수원과 공주를 거쳐 경상도 쪽으로 내려가도록 되어 있었다. 그런데 '만석지기' 공주 부자들과 내로라하는 공주 양반들이 "공주 땅 백 리 안에 쇠마차가 지나가게 할 수는 없다."며 철도 건설을 반대하고 나섰다. 그 바람에 경부선 철도는 수원에서 천안까지 내려왔다가 거기서 동쪽으로 방향을 틀어 공주에서 '백 리 바깥'인 조치원과 대전 쪽으로 이어졌다. 1922년 장항선(천안–장항)을 놓을 때도 마찬가지였다. 그 결과 충청남도 한 가운데 위치한 공주에는 지금까지도 기차역이 없다. 기차뿐만이 아니다. 1960년대 이후 그 많은 고속도로가 건설될 때도 공주만은 비켜 지나갔다. 그래서 지금도 공주에 가려면 대전까지 내려갔다가 올라오거나, 천안을 들러 2차선 국도로

가야 한다. 이처럼 교통이 좋지 않으니 개발도 늦을 수밖에 없었다. 1932년에 공주에 있던 충남 도청이 대전으로 옮겨진 것이나, 1986년에야 비로소 읍에서 시로 승격된 것이 그 증거다.

그러나 이처럼 개발의 혜택을 덜 입은 덕택(?)에 오히려 공주는 백제 '고도'(古都)로 그 문화적 유산을 보존할 수 있었다. 땅을 파다가 기와 조각만 나오면 공사를 중단해야 하고, 시내에선 8층 이상 건물을 지을 수 없어 건축업자들에겐 재미없는 곳이 공주지만 답사객들에겐 가는 곳마다 역사의 흔적을 느낄 수 있어 매력적인 곳이다. 공주 사람들의 말투처럼 급격한 변화를 억제할 수 있는 전통의 여유를 간직하고 있는 곳이 공주다. 그래서 '개발이 중단된' 공주에선 고대와 중세와 근대와 현대를 동시에 느낄 수 있다.

1907년 공주읍교회 부흥운동

감리교 선교사들이 내려와 자리 잡았던 '하리동' 분위기도 그렇다. 현대식 주택들이 터를 넓히고 있는 이곳에는 영명학교 외에 '공주중앙영아관'(公州中央兒館)과 '협산자 예배당'의 흔적

▲ 옛 영명학교 기숙사

들이 남아 있다. 1923년 내한한 간호사 출신 보딩(M. P. Bording)은 '본정'(현 중동) 321번지, 바로 1903년 맥길이 처음 공주에 와서 자리 잡았던 '하리동' 초가집 예배당 터에 영아관을 설립하고 아동 보건, 육아 교육, 우유 급식, 간호사 양성 등 다양한 사회복지 사업을 전개하였다. 영명학교 남쪽 언덕 바로 아래에 위치한 이곳에는 지금도 영아관의 맥을 이은 공주기독교사회복지관이 유치원과 다양한 사회사업을 전개하고 있다. 그러나 1926년 보딩이 지은 단층짜리 아담한 붉은 벽돌 건물은 1992년 3층짜리 빌딩건물을 지으면서 허물려 없어졌다.

사회관 위쪽으로 계단을 오르면 왼편으로 낡은 집 두 채가 남아 있는데 옛날 영명여학교 기숙사였다. ㄱ자 집은 숙소였고 네모 난

▲ 앵산공원에서 건너다 보이는 영명학교. 언덕 오른쪽 아래로 '협산자' 예배당이 있었다.

집은 양잠실로 쓰던 것인데 지금은 영명학교 직원 숙소로 쓰고 있다. 기숙사 건물 앞쪽에 있던 영명유치원 마당 자리에는 통일교회가 들어 서 있다. 다시 언덕을 조금 더 오르면 오른쪽으로 현대연립주택이 보이는데 이곳이 '대화정'(현 중학동) 3번지, 바로 '협산자 예배당'이 있던 곳이다. 물론 지금은 그 흔적조차 찾아 볼 수 없게 되었다.

1903년에 시작된 공주읍교회(현 공주제일교회)의 출발은 비교적 순탄했다. 공주에서 처음 믿은 사람으로는 김상문, 육월라, 백정운, 배리브가, 임동순, 임명운, 이경덕, 진두호, 안명여, 박춘원, 박경래 등을 꼽을 수 있다. 이 무렵 정산에서 '진사' 벼슬을 했던 안

▲ 〈신학월보〉에 실린 공주부흥운동 기사

석호와 그의 아들 안사영, 안기영, 안신영 등도 공주로 나와 믿기 시작했다. 강경에 나가 장사를 해서 큰돈을 번 양두현, 지루두 부부, 왕촌 출신인 황하명, 곽세라 부부와 조카 황한식, 황인식 등 '황씨 집안' 도 믿기 시작했다. 이처럼 초기 교인들은 신분 계층이 다양했고 그래서 교인들 사이에 갈등과 분쟁도 많았다. 그런데 1907년 대부흥운동을 거치면서 이러한 갈등을 해소하고 하나의 신앙 공동체로 거듭났다.

공주에서는 1907년 4월 8일부터 1주일 동안 부흥회가 열렸는데 윌리엄즈와 안창호, 그리고 김상배 전도사 등이 인도했다. 처음에는 냉랭할 뿐 아니라 교인들 사이에 분쟁만 일어났다. 그 장면을 목격했던 임동순의 증언이다.

"형제자매가 죄는 일호도 애통치 아니하고 분쟁만 일층이나 더 나는지라. 엇지 성신께서 슬프지 아니하리오. 그러함으로 목사께서 말삼은 비록 통치 못하시나 성신의 총명으로 그 형편을 아시고 마음이 압프사 애통

낙루하시니 이 눈물은 과연 눈물이 아니오 만물은 윤장하는 봄비에서 다하고 또한 안창호 씨는 찢어질 듯한 마음으로 실성통곡하니 이 통곡은 우리 형제자매 권고하는 피라. 속담에 사불범정이오 목석감동이라 하엿거든 엇지 간특한 마귀 휼계로 감이 엄위정대하신 성신의 권능을 항거하며 목석은 아닌 형제자매여든 엇지 감동치 아니하리오"(**임동순, "충청남도 공주 하리동 교회 부흥한 결실" 〈신학월보〉 5권 2호, 1907, 120-121쪽**).

예배를 인도하던 김상배 전도사가 "죄를 자복하라."고 했더니 교인들이 나와서 죄를 자복하기는커녕 자기 자랑을 늘어놓고 개인적인 원망만 토로하였다. 그 결과 교인들 사이에 분쟁이 야기되었고 집회 분위기가 싸늘하게 바뀌었다. 그 광경을 목격한 윌리엄즈 선교사는 아직 한국어가 유창하지 못해 말은 못하고 눈물만 흘렸으며 그 옆에 있던 안창호 전도사가 "찢어질 듯한 마음으로 실성통곡"하였다. 이 눈물과 통곡이 교인들의 마음을 움직였던 것이다(여기 나오는 안창호[安昌鎬]는 민족운동가 도산[島山] 안창호[安昌浩]와 다른 인물인데 1911년 미감리회 조선연회에서 목사 안수를 받았고 공주, 천안, 진남포, 평양 등지에서 목회하다가 1926년 하와이 선교사로 파송되었다. 공주읍교회는 그의 첫 목회지였다).

“제삼 일 만에야 비로소 자복이 나오는대 그 형상이 맛치 만신창에 곪긴거슬 째고 피고름을 짜는 것 갓흔지라. 서로 서로 뮈워하고 시긔하엿다 하며 간음하엿다 하며 속이고 도적질 하였다 하며 부모의게 불효하엿다 하며 우리 주를 입으로만 밋엇다 하며 엇던 이는 목사를 속이엿다 하며 엇던이는 그간에 안창호 씨를 원수갓치 보왓다 하며 슬피 애통으로 서로 서로 용서함을 밧으며 서로 위로하며 날마다 이와갓치 일주일 동안을 지낼새 외인들은 례배당에 초상난줄노 공론이 분분하더라. 엇지 감사치 아니하리오”(임동순, “충청남도 공주 하리동교회 부흥한 결실” 〈신학월보〉 5권 2호, 1907, 121쪽).

다시 1주일 후, 평양 남산현교회 교인 고종철, 강신화가 내려와 부흥회를 열었는데 이번에는 영명학교에서도 회개운동이 일어났다. 이 부흥운동을 거치면서 교회는 서로 죄를 자복하며 용서하는 사랑의 공동체로 바뀌었다.

협산자 예배당

이처럼 2차에 걸쳐 20일간 지속된 부흥회가 있은 후 1년 사이에 50명 교인이 200명으로 늘었다. 이에 공주 교인들은 1909년 봄, 3백 명을 수용할 수 있는 새 예배당을 마련하였다.

▲ 위에서 내려다 본 공주제일교회 모습

"一千九百六年八月에 北米合衆國 慈善家 捐補金 六千圓으로 會堂을 洋屋으로 建築하니 內可以座三百人 假量인바 名之曰 挾傘子會堂이라 하니 其理由가 如下하다. 朝鮮宣教事務를 掌理하는 北米州 一位 監督이 蕪居私邸러니 一日 天雨에 有人이 衣裳

공주제일교회 정초석 ▶

이 儉薄하고 挾傘來叩門屏이여늘 起迎賜座하고 問其來由하니 答曰 予欲積財於天而不令右手로 知左手所爲는 吾主所戒故로 不願露出姓名하야 以要人譽라하고 逐自懷中으로 抽出金券以呈而退어늘 亥監督이 以此郵付하야 以資建築故로 因以名焉이러라"(〈공주교회 연혁〉, 1930. 9).

1930년에 지은 벽돌 예배당 머릿돌 안에 보관되어 있던 〈공주교회 연혁〉의 내용이다. 미국에서 "비 오는 날 우산을 끼고 찾아 온" 익명의 교인이 놓고 간 헌금을 공주로 보내주어 예배당을 지은 것으로 되어 있다. 그런데 6년 후 기록은 약간 다르다.

"教會가 創設되던 當時에는…草家 數間에 不過하였으나 信者의 數가 增加됨을 따라 一九0九年 春에 大和町 三番地에 數百人을 收容할만한 煉瓦製 建物을 建築하였다. 여기에 特記할만한 奇事가 있으니 宣教師 諸氏와 信徒等이 禮拜堂 建築을 爲하야 熱心 祈禱할 때에 마침 雨傘을 끼고 지나가던 過客이 感動을 받어서 建物을 짓게 하였다. 그 過客은 自己의 名義를 廣布하여 주지말라고 付託하였으므로 新築 禮拜堂을 挾傘者禮拜堂이라 命名하였다 한다"(〈감리회보〉, 1936. 4. 10).

정리하면, 공주읍 교인들과 선교사들이 예배당 건축비 마련을 위해 기도하고 있을 때 마침 "우산을 끼고" 지나가던 사람이 그 광경을 보고 감동을 받아 '익명으로' 헌금해서 예배당을 건축한 것이 된다. 1956년에 예배당을 개축하면서 머릿돌에 넣은 교회 약사는 후자 기록을 채택하고 있다. 지금으로선 '익명의 헌금자'가 미국인인지, 아니면 한국인인지 알 수 없다. 그래서 더욱 신비로운 존재다. 다만 확실한 것은 그가 '우산을 끼고 있었다'는 것, 그래서 그를 '협산자'(挾傘者)라 부르게 되었고 그의 헌금으로 지은 새 성전을 '협산자 예배당'이라 했던 것이다. 이렇게 해서 마련된 '협산자 예배당'은 양철 지붕에 단층 ㄱ자 벽돌 건물이었다. ㄱ자로 꺾어진 모서리에 강단을 설치하고 강단 앞쪽으로 휘장까지 쳐서 남녀 교인들이 서로 보지 못하게 하였다.

'협산자 예배당'을 마련한 후, 교인은 계속 늘어나 주일 예배를 2부로 드려야 했고 1915년-16년에 다시 한번 대대적인 부흥운동이 일어나 교인이 5백 명을 넘었다. 이때 배재학당 출신으로 고위 관리가 되어 공주에 내려와 있던 이교영이 '체면 불구하고 마루 바닥을 구르며 회개 자복'하여 공주 사회에 유명한 얘깃거리가 되기도 했다. 그리고 3·1운동 당시에는 교회 담임이었던 현석칠 목사

▲ 공주제일교회(정면)

를 비롯하여 오익표, 김사현, 김관회, 이규상, 현언동, 안성호, 김수철, 유준석, 노명우, 강윤, 윤봉균, 양재순, 이규남, 박루이사, 이활란, 김현경 등 공주읍교회 교인들이 만세 시위를 주도하고 옥고를 치른 것이 교회의 사회적 이미지를 높여 청년과 학생들이 많이 나왔다. 이처럼 교인들이 늘어나자 더 큰 예배당이 필요했다. 이에 교인들은 교회를 제민천 건너 시내 쪽으로 옮기기로 하고 '협산자 예배당'을 영명여학교에 팔았다. 이후 '협산자 예배당'은 영명여학교 재봉실, 기숙사 등으로 쓰이다가 1961년 영명학교에서 도서실을 지으면서 벽돌을 쓰려고 허무는 바람에 없어지고 말았다. 참으로 아쉬운 대목이다.

키만 자란 벽돌 예배당

(현 공주제일교회)가 새 예배당을 마련한 곳은 상반정(常盤町, 현 봉황동) 10번지, 시내 중심부였다. 협산자 예배당을 팔고, 교인들이 헌금해서 모은 1만 원으로 290평 대지에 2층짜리 붉은 벽돌 예배당을 봉헌한 것이 1930년 11월 23일이었다. 새 예배당은 축소된 고딕 예배당 건축 양식을 취하였는데 전면 왼쪽 모서리에 3층 높이 종탑을 세웠고 중앙에 '장미창'(薔薇窓, rose window)과

▲ 공주제일교회(측면)

격자(格子, tracery) 창문을 냈다. 70평 규모의 건물 2층은 예배당으로 쓰였고 1층은 교육관과 유치원 교실로 사용하였다. 그러나 공주 교인들이 새 예배당을 자유롭게 사용한 것은 10여 년에 불과했다. 1941년 12월, '대동아전쟁'이 일어나면서 교회 건물이 '적산'으로 분류되어 교인들의 출입이 통제되었기 때문이다. 소리가 맑았던 종도 이때 공출되었다.

▲ 양두현 지루두 기념비. 출생연도 표기에 일본식 연호인 '昭和'를 지운 흔적이 역력하다

예배당 건물은 해방 후 자유를 되찾았으나 6·25전쟁으로 다시 한 번 '회생 불능'의 시련을 겪었다. 공산군이 미군의 폭격을 피하기 위해 예배당 건물을 보급 창고로 사용했는데 오히려 그 사실을 안 미군이 조준 폭격하는 바람에 남쪽과 동쪽 벽 일부와 굴뚝만 남고 모두 파괴되었다. 그래서 피난 갔다가 돌아온 공주 교인들은 한동안 영명학교나 공주중앙영아관 건물, 혹은 옛 협산자 예배당을 전전하며 예배 드려야 했다. 그러다가 이경재 목사가 부임해서 교인들과 함께 1년 반 동안 금강에 나가 모래를 실어 나르고 벽돌을 찍어 나르는 작업 끝에 1956년 11월 재건 예배당을 봉헌하게 되었

다. 그러나 예배당 건물은 재건 과정에서 많이 변했다. 우선 예배당 넓이가 20평 늘었고 출입구를 남쪽에서 북쪽으로 옮겼다. 모서리에 있던 종탑도 중앙으로 옮겼으며 그 위에 첨탑을 올리고 주변을 성곽처럼 꾸몄다. 그 결과 단순하면서도 우아했던 여성적인 멋이 사라지고 대신 웅장하고 견고한 남성적 분위기가 강하게 나타났다. 전쟁을 겪은 후 변한 교인들의 심성을 느낄 수 있다.

이 건물은 1979년 증축 공사를 하면서 한번 더 변하였다. 남쪽으로 20여 평을 더 늘이고 북쪽으로 현관을 냈다. 현관 벽면에 색 타일을 깨서 새겨 넣은 십자가 문양에서 여유를 되찾은 교인들의 장난기를 느낄 수 있다. 이로써 70평 건물이 두 차례의 증 · 개축 과정을 거치면서 130평으로 늘어났다. 그러나 폭은 그대로 두고 길이만 늘리는 바람에 몸은 불지 않고 키만 커 버린 고등학생 같아 어색하지만 그런대로 파란만장했던 60년 역사를 증언하고 있다. 남동쪽 모서리와 북쪽 현관 벽면에 있는 두 개의 머릿돌도 복잡한 건물 내력을 담고 있다.

양두현 지루두 기념비

예배당 남쪽 유치원 놀이터에 있는 '고 양두현 지루두 기념비'(故梁斗炫池累斗紀念碑)도 마찬가지다. 1939년 5월 공주읍교회에서 건립한 것인데 예배당 증·개축 때 이리 저리 쫓겨 다니다가 가까스로 지금 위치에 자리를 잡았다. 그런데 비석이 좀 지저분하다. 처음 비석을 만들 때 새긴 '명치'(明治), '대정'(大正), '소화'(昭和) 같은 일본식 연호 표기 위에 시멘트를 발라 읽을 수 없게 하였기 때문이다. 해방 직후 일제시대를 잊고 싶어 했던 공주 교인들의 순진한 마음을 읽을 수 있다. 그러나 비석 주인공들에 대한 아름다운 이야기만은 두고두고 기억해야 할 것이다. 박우동 장로의 증언이다.

"두 분은 우리 교회 초대 교인들로 부부 사이였어요. 믿음이 좋았던 지루두 부인은 교회 목회자가 생활비 때문에 어려움을 당한다는 이야기를 듣고 자기 몫으로 된 토지를 교회에 바칠 생각을 하고 있었답니다. 그러다가 1923년에 갑자기 별세하였는데 양두현 씨는 부인의 뜻을 따라 부인 몫의 토지뿐 아니라 더 많은 자기 땅

▲ 공제의원 건물

을 교회에 바쳤습니다. 이들이 바친 토지에서 도조로 쌀 70석이 나와 일제시대 교회 자립의 기반이 된 것은 물론입니다."

1938년 11월, 감리교 총리원에서는 땅을 교회에 바친 교인들을 전국적으로 조사해서 표창하였는데 공주에서는 양두현과 홍루두(洪累斗)라는 과부 교인이 함께 표창을 받았다. 그때 양두현 부부가 바친 땅이 논 1만8천여 평, 밭 2천7백여 평이었고 홍루두가 바친 땅이 논 8천여 평, 밭 8천여 평이었다. 여기에 황하명이 바친 '기름진 땅 열 두락' 을 포함해 1938년 당시 교회 소유의 토지가 4만3천여 평에 이르렀다. 그러나 그 많던 교회 땅은 해방 후 토지개혁 때 대부분 없어졌고 지금 남아 있는 것은 홍루두가 바쳤던 탄천 땅 3천2백 평뿐이다.

교회 오른쪽으로 한 집 건너, 제민천 개울가에 전형적인 일본식 단층 건물이 남아 있다. 양재순 장로가 하던 공제의원(公濟醫院) 건물이다. 바로 2만 평 땅을 교회에 바쳤던 양두현의 아들인 양재순 장로는 영명학교 재학 시절 3·1운동에 참여하고 6개월 옥고를 치르기도 했다. 그 후 세브란스의학교를 졸업(1925년)하고 함흥과 군산 선교사 병원에서 일하다 1926년 공주에 내려와 공주 최초 서양 병원인 공제의원을 하면서 선교사들이 하던 시약소와 영아관에 나가 무보수로 봉사하기도 했다. 충청도 전역에서 "공주의 양의사"로 유명했던 그는 일제 말기 선교사들이 맡기고 간 영명학교를 지키다가 다시 옥고를 치른 공

▲ 병상의 양재순 장로(왼쪽)

주 근대사의 산 증인이다.

"해방 후 시설이 좋은 병원들이 생겨나기 전까지 공제의원은 공주 사람들의 유일한 병원이었어요. 환자도 많았지요. 그런데 양 장로님은 돈을 많이 벌지 못하였어요. 공짜 환자가 많았던 탓이었지요. 목회자나 경찰, 공무원 가족은 의례 진료비를 받지 않았고, 진료비가 없는 가난한 사람들도 돈이 없다면 그냥 치료해 주었지요."

1986년까지 병원을 하다가 시력을 잃고 은퇴한 양재순 장로를 봉황동 집으로 찾아가 만났다. 기력이 쇠하여 자유롭게 대화를 나눌 수는 없었지만 민족 수난사를 몸으로 살아 온 역사적 인물을 만났다는 사실 하나만으로도 감동적이었다.

또한 공제의원 건물은 한국 근대 건축의 '아버지' 로 불리는 강윤(姜允)의 작품이라는 점에서 특별한 의미를 지니고 있다. 강윤은 양재순과 영명 동기동창으로 3·1운동 때 함께 옥고를 치른 '옥중동지' 였다. 그는 출옥 후 윌리엄즈 교장의 주선으로 일본에 유학하여 '호반의 성자' 로 불리던 평신도 건축선교사 보리스(W. M. Vories)에게서 건축을 배웠고 보리스가 설립한 오미형제사의 한국

책임자로 귀국하여 신세계백화점을 비롯하여 이화여대와 연희전문학교, 태화여자관, 원산중앙교회, 철원제일교회 등 1930년대 한국의 대표적인 '석조' 건물을 지은 건축가였다. 이화여대와 태화여자관 채플을 지을 때는 천장이나 장의자에 태극 문양을 새겨 넣어 '민족의식'을 표현하고자 했던 그가 귀국 직후 고향에서 개업하는 친구를 위해 병원 건물을 지어준 것이다. 이 건물은 양재순 장로가 병원 문을 닫은 후 한 동안 비어 있다가 지금은 화실로 쓰이고 있어 옛 모습을 많이 상실했지만 연못을 갖춘 뜰에 아담한 2층 건물에서 함께 독립운동을 하다가 옥고를 치른 친구 사이의 우정을 느낄 수 있었다.

공주 침례교 선교

◎◎ 공주 답사를 끝내기 전에 한 곳 더 둘러 볼 곳이 있다. 역사로 보면 감리교회보다 먼저 공주에 들어온 공주침례교회다. 공주에 처음 들어온 선교사는 미국 북침례교 계통 엘라딩선교회(Ella Thing Memorial Mission) 소속 스테드먼(F. W. Steadman) 부부

였다. 보스턴의 침례교 실업가 딩(S. B. Thing)이 자기 외동딸(Ella)을 기념하여 설립한 엘라딩선교회에서는 1895년에 폴링(E. C. Pauling) 부부와 가들라인(A. Gardeline)을 1차로 한국에 파송하였고, 2차로 1896년 스테드먼과 엘머(A. Elmer)를 파송했다. 1896년 4월 4일에 서울에 도착한 스테드만은 1년 동안 정동에 머물면서 한국어를 배운 후, 1897년 9월 공주로 내려와 전도를 시작하였다. 감리교의 맥길보다 6년 앞선 셈이다. 스테드먼이 공주를 선교지로 택하게 된 것은 엘라딩선교회가 장로교회와 감리교회가 주도한 선교 구역 분할 협정에서 소외되었기 때문에 두 교회 선교사들이 아직 들어가지 않은 공주를 택한 것으로도 볼 수 있지만, 스테드먼 개인으로서는 그의 한국어 교사 오긍선(吳兢善)의 요청이 크게 작용한 것으로 보인다. 공주 출신인 오긍선은 열여덟 살 때 상경하여 내부 주사로 있다가 배재학당에 들어가 공부하였다. 공부하면서 그는 독립협회 간사로 활동했는데 이 사실이 들어나 체포령이 내려졌고 이때 피신한 곳이 정동 '선교사 집' 으로 스테드먼이 살던 곳이었다. 그것이 인연이 되어 그는 스테드먼의 어학 선생이 되었고 선교지를 찾고 있던 스테드먼에게 자기 고향을 소개하였던 것이다. 그는 스테드먼을 따라 공주에 내려와 전도 일을 도왔고 1900년 봄, 금강 나루터에서 '침례'를 받아 공주 최초의 침례교인이 되었다. 오긍선은 후에 세브란스의학교 교장을 지냈다.

그러나 스테드먼의 공주 선교는 오래 지속되지 못했다. 1901년 엘라딩선교회 본부가 일본 선교에 전념하면서 한국 선교를 중단했기 때문이다. 이에 스테드먼은 공주 선교 사업을 캐나다 출신 선교사 펜윅(M. C. Fenwick)에게 넘기고 한국을 떠났다. 본래 감리교 출신이었던 펜윅은 1889년 선교부 소속 없이 들어와 3년간 활동하다가 본국으로 들어가 '한국순회선교회'(Corean Itinerant Mission)를 조직하고 선교 후원자를 모집했다. 그때 엘라딩선교회 창립 과정에서 중요한 역할을 했던 보스턴 침례교회의 고든(A. J. Gordon)과 연결되어 침례교인이 되었고 1896년 한국에 나와 원산에서 활동하고 있었다. 이 같은 배경에서 펜윅은 스테드먼의 공주 선교 사업을 이양 받았다. 펜윅은 원산 교인 신명균을 공주에 보내 교회를 돌보게 하였고 1905년에는 공주에 성경학원을 설립해 목회자를 양성하기 시작했다. 이를 배경으로 펜윅은 1906년 '대한기독교회'(1910년 이후 동아기독교)란 독립된 교파 교회를 창설하였으니 이것이 한국 침례교회의 출발이다.

ㄱ자 예배당을 찾아서

이처럼 한국 침례교회의 뿌리가 되는 공주침례교회가 처음 자리 잡았던 곳은 봉황산 아래, 반죽동 109번지였다. 그곳엔 1900년대 초에 지은 ㄱ자 초가 예배당이 있었다. 그러나 일제말기 동아기독교가 일제에 의해 해산되고 교인들이 뿔뿔이 흩어지면서 공주교회도 폐쇄되었다. 그러나 해방 후, 미국 남침례교회에서 한

▼ 공주침례교회. 'ㄱ자' 예배당이 있던 자리. 오른쪽 흰색 노인정이 있는 자리다.

국 선교를 시작하면서 폐쇄되었던 동아기독교 교회들이 문을 열게 되었는데 이때 공주침례교회도 재건되었다. 그리고 남침례회로부터 선교비 지원을 받아 1957년에 공산성 아래 위치한 산성동 127번지에 918평 대지를 구입하여 교회를 옮긴 후, 1966년에는 80여 평 고딕식 벽돌 예배당을 지었고, 다시 1983년에 4백 평짜리 3층 예배당을 지었는데 모두가 개발 성장시대 건물들이다.

반죽동에 있던 ㄱ자 예배당은 1957년에 교회가 팔고 떠난 후 헐려 없어졌고 그 자리엔 노인정과 양옥 주택들이 들어섰다. 중동에 있던 감리교회의 ㄱ자 '협산자 예배당' 과 같은 운명이 된 셈이다. 30년 전만해도 공주에 남아 있었던 ㄱ자 예배당에 대한 아쉬움이 더욱 커진다.

뒷이야기

양재순 장로는 인터뷰 1년 후인 1999년 99세를 일기로 별세하였다. 공주 답사의 중요한 대목이 사라진 것이 못내 아쉽다. 다행스런 것은 2003년 공주제일교회에서 양재순 장로의 공제의원 건물을 구입하여 교회 소유가 되었다는 점이다. 주차 공간이 절대 부족했던 교회로서는 공제의원 부지를 주차장으로 활용하기 위해 구입하였다는데, 그 때문에 공제의원 뜰은 주차장으로 바뀌었다. 결과적으로 주차장 모서리에 위치하게 된 공제의원 건물만은 허물지 말고 보존하여 공주 근대 의료 사업과 근대 건축의 유산으로 보존해 주기를 기대한다. 그래서 공제의원 건물과 그 주변을 교인과 시민들의 휴식, 문화 공간으로 조성하고 이리저리 쫓겨 다니던 '양두현 지루두 기념비'도 그리로 옮겨 공주 선교의 역사를 느낄 수 있는 현장이 되었으면 하는 바램을 가져본다.

10

옥녀봉 선녀들의 기도 소리

- 강경 북옥교회 한옥 예배당 -

1998년 〈기독교사상〉에 이 글을 쓰고 난 후 신대교회를 비롯하여 청주지역 교회사 유적지를 답사할 기회가 많았고 그 과정에서 청주지역 교회사 발굴과 정리 작업에 깊은 관심을 두고 있던 연구자들을 많이 만났다. 청주제일교회의 이쾌재 목사님을 비롯하여 그 교회 최동준 장로, 그리고 청북교회의 안재명 장로와 충북대학교 사학과 전순동 교수 등이 답사 때마다 많은 도움을 주었다. 그 중에도 이쾌재 목사님은 충북 지역 초기 선교 자료를 모아 『충북노회 사료집』(1999년)을 펴내 충북 지역 기독교사 연구의 기본 자료를 정리하였다. 이 분들이 중심이 되어 1999년 '충북기독교사연구회'(회장: 최동준, 총무: 전순동)가 조직되어 충북 지역 교회사와 관련된 연구와 선교 유적지 답사, 자료집 발간 등 다양한 분야에서 활발하게 움직이고 있으며 2002년에는 충북기독교선교100주년기념사업회 이름으로 방대한 분량의 『충북기독교백년사』(전순동 집필)를 발간하였다. 충북(충주) 출신인 나로서는 더없이 반가운 일이다.

충청도에서 찾아보기!

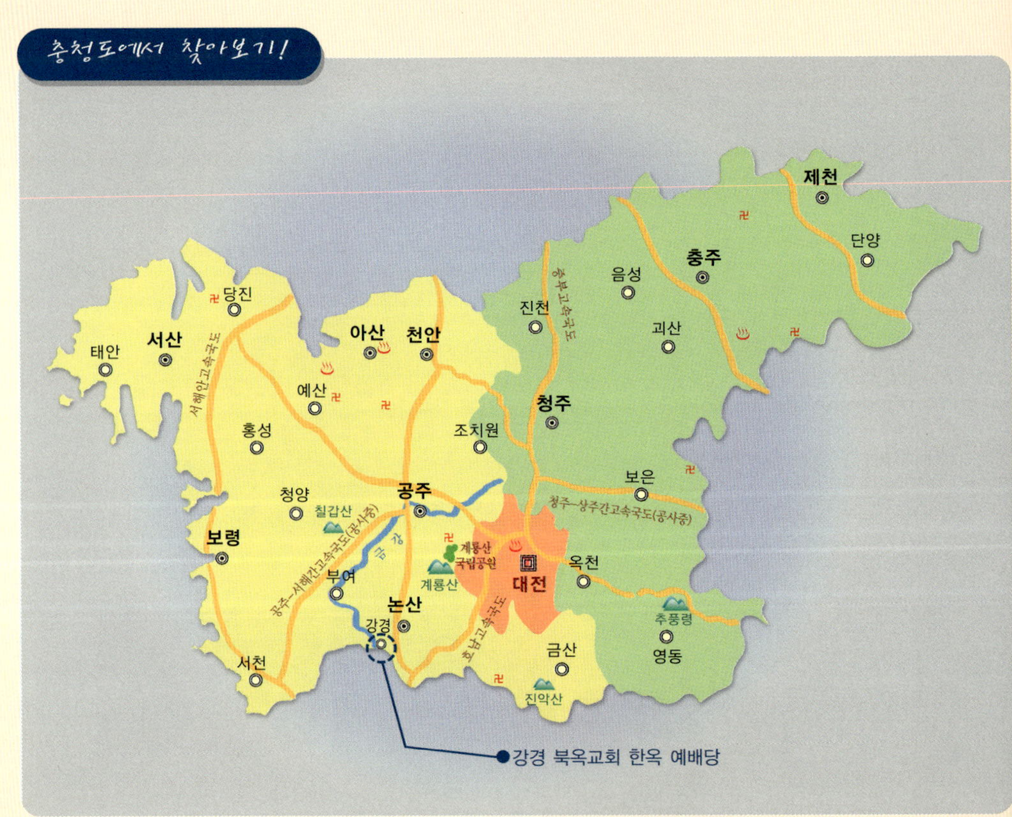

제천
단양
충주
음성
진천
괴산
중부고속국도
당진
서산
태안
아산
천안
예산
서해안고속국도
홍성
청주
조치원
청양
공주
칠갑산
보은
청주-상주간고속국도(공사중)
보령
공주-서해간고속국도(공사중)
금강
계룡산 국립공원
계룡산
대전
옥천
부여
논산
호남고속국도
추풍령
영동
강경
금산
서천
진악산
강경 북옥교회 한옥 예배당

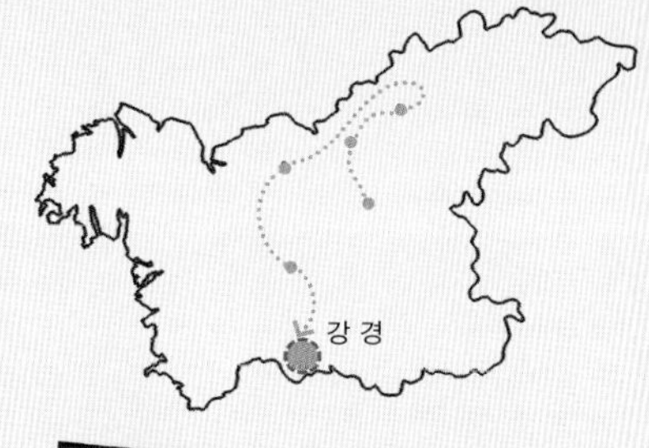

옥녀봉 선녀들의 기도 소리
– 강경 북옥교회 한옥 예배당

충청도에서 전라도로 넘어가는 길목에 강경(江景)이 있다. 이곳 토박이들은 이곳을 '강경'이라고 부르기보다 '갱갱이'라고 부르기를 좋아하는데 야트막한 산과 강이 어울려 일궈낸 아름다운 풍경에서 그런 이름이 생겨난 듯 하다. 충청도와 전라도를 구분하는 금강(錦江) 하구에 위치한 강경포구는 그 경치가 빼어나 예로부터 충청도, 전라도 선비들이 자주 찾아와 풍류를 즐기던 곳이기도 하다. 그 중에도 강경읍 북옥리 강변에 위치한 옥녀봉(玉女峰)은 지금도 강경 시민의 대표적인 쉼터로 이용되고 있는데 여기 얽힌 전설이 재미있다.

"하루는 옥황상제의 딸 옥녀가 내려와 금강 맑은 물에서 목욕을 했는데 절경에 취해 하늘로 올라갈 시간을 놓쳤대유. 재촉을 받은 옥녀가 급하게 옷도 제대로 못 입고 올라갔는데 옥황상제가 앞가

▲ 강경 기독교 유적지

1. 옥녀봉　2. 북옥감리교회　3. 강경중앙감리교회　4. 강경성결교회
5. 강경천주교회　6. 강경침례교회　7. 강경제일감리교회

습을 드러내놓고 올라오는 딸을 보고 노발대발 화가 나서 다시 지상으로 내쫓었대유. 내쫓긴 옥녀가 여기 금강 나루에서 하늘로 돌아가기 위해 울면서 기도하였는데 하늘에서 허락은 떨어지지 않구 거울만 떨어졌대유. 올라오지는 못하더라도 거울로 하늘을 비춰 보면서 위로를 받으라는 뜻이지유. 그 후 옥녀는 거울만 들여다보다가 죽었는데, 그 무덤이 옥녀봉이 되었고 거울은 바위로 변하여 용영대가 되었대유."

지상으로 쫓겨난 옥녀 이야기는 "완전한 것이 올 때에는 얼굴과 얼굴을 마주 대하여 볼 것이지만 그때까지는 거울로 희미하게나마 보면서"(고전 13:12) 희망을 잃지 않고 살아야 하는 우리 그리스도인들의 처지를 읽는 것만 같다. 지금 옥녀봉에 오르면 최근에 세운 것이지만 정자 하나가 있고 누군가 한문으로 '용영대'(瑢影臺)라 새긴 거울 받침대 비슷한 돌이 있다. 해발 80미터밖에 되지 않는 야트막한 산이지만 사방이 확 트인 들판이어서 멀리서 보면 옥녀봉이 무덤 같기도 하다. 이런 전설과 풍광을 가진 옥녀봉에서 강경 답사를 시작하는 것은 언제나 기분 좋은 일이다.

강경 옥녀봉의 기념비

옥녀봉에는 후세 사람들이 세운 기념비들이 여러 개 있는데 그중 두 개가 눈길을 끈다. 하나는 1919년 3·1운동 때 강경 사람들이 이곳 옥녀봉에 모여 대대적인 만세 시위를 벌인 것을 기념하여 세운 것이고, 또 하나는 한국전쟁 중 이곳에서 희생된 강경중앙감리교회의 안순득 권사 순교기념비다. 1974년에 세운 기념비에는 안순득 권사가 "1950년 7월 17일 소복을 입고 공산군에게 끌려가 최후 기도를 하고 대한민국 만세 삼창을 한 후 총살을 당했다."고 기록되어 있다. 안순득 권사는 신앙적 지조를 지키다 희생된 또 다른 강경 '옥녀'가 아닐까?

이렇듯 강경은 작은 동네이지만 이야깃거리가 많다. 지금은 논산시에 편입되어 작은 읍으로 명맥을 이어가고 있으나 조선시대부터 금강 하구에 위치한 강경포구는 고깃배들이 많이 모여드는 곳이었고 그래서 원산 다음으로 큰 어항이라 했다. 게다가 서천과 익산에서 나는 쌀이 이곳 포구를 통해 전국은 물론 일본으로까지 나가 일제시대만 해도 강경은 평양이나 대구와 함께 3대 상권(商圈)을 형성하였다. 그러다보니 강경은 한말 이후 일본의 경제 침략에

▲ 옥녀봉 안순득 권사 순교기념비

그대로 노출되었다. 1899년 일본 상인 오카쥬사쿠(岡壽作)가 강경에 들어와 수산물 도매상을 개설한 이래 일본인들이 몰려들었고 그 바람에 강경은 충청도에서 일본식 근대화 바람을 제일 먼저 맞이한 곳이 되었다. 1902년 충청도에서는 처음으로 우편취급소가 설립되었고 1905년 일본인 자녀들을 위한 소학교가 문을 열었으며 계속해서 법원, 은행, 면사무소, 전매서, 경찰서 등 관공서가 1910년대에 이미 세워졌다. 그리고 일본인들이 많이 다닌 강경상고는 전국의 수재들이 몰려오는 명문고였다. 또한 도내에서 처음으로 전기가 들어왔고, 강경 지역만을 위한 화력발전소가 대흥리에 세워질 정도였으며 1924년에는 쌀 4백 석을 실을 수 있는 큰 배가 들어오도록 갑문까지 만들었다. 그래서 일제시대 강경은 볼거리와 살거리가 많은 곳으로 관광객들도 많았다(요즘도 매년 가을 '젓갈 축제' 때만 되면 전국에서 몰려온 관광버스들로 강경 시내는 복잡하기 짝이 없다).

이처럼 강경은 한말과 일제시대, 일본인들의 침략과 지배 역사를 생생하게 체험할 수 있는 곳이었다. 지금도 그 시절 유적이 적지 않게 남아 있어 해마다 '옛날을 그리워하는' 일본인 관광객들이 강경을 찾는다. 이렇게 강경 사람들은 일제시대를 살면서 '순응'과 '저항'의 역사를 동시에 체험하였다. 강경시내에 아직도 남아 있는 '일본식' 건물들이 순응과 공존의 역사를 대변한다면, 옥녀봉 3·1운동 기념비나 옥녀봉으로 올라가는 길목에 남아 있는 북옥교회 한옥 토착 예배당은 저항과 수난의 역사를 대변하고 있다.

선교사 구타사건과 북옥리 한옥 예배당

강경은 공주로 들어가는 금강 하구에 위치하고 있다. 그래서 공주로 가는 사람들은 배를 타고 이곳에서 내려 공주로 들어갔는데 기독교(개신교) 복음도 그런 식으로 들어왔다. 1895년경 침례교 계통의 엘라딩선교회의 폴링(Pauling) 선교사가 서울에 머물면서 인천에서 배를 타고 공주를 오가며 전도하던 중 강경에 들러 복음을 전한 것이 강경 복음의 출발이다. 그리고 10년 후, 맥길

(McGill)과 샤프(Scharff) 등 미국 감리교 선교사들이 공주 선교를 개척하면서 강경에도 교회를 설립하였는데 장로교와 감리교 사이의 선교지역 분할협정에 따라 강경은 공주, 논산과 함께 강력한 감리교 선교 거점이 되었다. 지금도 강경지방 감리교 선교는 강경제일교회와 강경중앙교회가 양대 축을 이루고 있다.

이러한 선교지역 분할협정에 참여하지 않았던 성결교회(동양선교회)는 장로교와 감리교 선교가 이루어지지 않았거나 이루어졌더라도 손길이 미치지 않은 곳을 찾아 '틈새 선교'를 하였는데, 그런 식으로 강경에 성결교회가 설립된 것이 1918년이었다. 강경성결교회 설립에 대한 이명직 목사의 기록이다.

"강경은 우리 조선에서 포구(浦口)로는 제일로 굴지(屈指)하는 곳이라. 인구는 만여(萬餘)오 물화(物貨)의 출입이 번성하니만치 죄악도 만흔 곳이라. 一千九百十八년 가을에 정달성을 파송하야 조선집 두 간을 세로 얻어 가지고 동년 十二月브터 집회를 시작하니 최초로 예배에 출석한 자는 녀학생 한 사람이더라. 전도자가 나가서 전도하고 북정(北町) 예배당으로 오라 하면 듯는 사람이 말하기를 '여보시오. 렴치도 업지. 그런 곳으로 누구다러 오라 하시오 하엿더니 一千九百二十三년에 조선식(朝鮮式)으로 례배당을 새로 건축하니라"(이명직, 《조선예수교 동양선교회 성결교회 약사》, 1929, 82쪽).

서울 경성성서학원(현 서울신학대학교)을 갓 졸업하고 강경에 내려온 정달성(鄭達成) 전도사는 처음에 고전을 면치 못했다. 그 시기 감리교회는 이미 시내 중심가(황산동)에 화려한 서양식 벽돌 예배당을 짓고 있었는데 비해 성결교회는 옥녀봉으로 올라가는 좁은 골목 안에 두 칸짜리 초가집을 구해 놓고 여학생 한 명으로 집회를 열고 있으니 전도를 해도, "염치도 없지. 손님(?)을 맞으려면 잘 꾸며 놓고나 부를 것이지." 하는 식의 반응만 돌아올 뿐이었다. 그런 교회가 몇 년 만에 강경에서 제일 웅장하고 화려한 예배당 건물, 그것도 아름드리 목재로 지은 아름다운 한옥 예배당을 마련하였다. 이렇게 되기까지 흥미로운 역사가 있다.

정달성 전도사가 강경에 내려와 교회를 시작한 지 4개월 만에 3·1운동이 일어났다. 일제의 경제 침략 실상을 가장 가까이서 체험하였던 강경 사람들이기에 저항의식 또한 강하였다. 강경에서는 3월 12일 논산에서 일어난 만세운동에 호응하여 그날 오후 강경 시민과 학생 1백여 명이 태극기를 흔들며 시위를 벌였고 이를 시작으로 3월 21일에는 강경 장날을 기해 1천여 명이 참여하는 대규모

시위가 일어났다. 3월 28일부터 강경 상인들은 아예 상점 문을 닫고 철시하였으며 4월 7일 장날에는 일본 군경의 엄중한 경계를 뚫고 시민들은 만세를 불렀다. 이처럼 장기간에 걸쳐 진행된 강경 만세운동의 중심 거점은 언제나 옥녀봉이었다. 그런 탓에 옥녀봉 길목에 있던 강경읍 성결교회 주변이 시끄러울 수밖에 없었다.

이런 중에 동양선교회의 토마스(J. Thomas) 감독이 강경에 왔다가 구타당하는 사건이 벌어졌다. 영국 출신으로 1910년 내한한 토마스는 서울에서 경성성서학원 원장과 감독직을 겸하면서 성결교회 선교를 관장하고 있었는데 시위 한복판에 있는 강경읍교회 형편을 알아보기 위해 왔다가 만세시위를 지원하러 온 것으로 착각한 일본 경찰이 그를 구타한 것이다. 장날 시위가 있기 전날인 3월 20일의 일이었다. 결국 이 사건은 영국과 일본 사이의 외교 문제로 발전하였고 영국 정부의 지휘를 받은 토마스는 선교사직을 사임하고 1920년 2월 한국을 떠났다. 영국 공사는 그를 대신하여 긴 소송 끝에 총독부로부터 사과와 배상을 받아냈다. 지금 강경성결교회를 담임하고 있는 신영춘 목사의 증언이다.

"그렇게 해서 나온 배상금으로 북옥리에 새 예배당을 지은 겁니

▲ 강경북옥교회

다. 정확하게 얼마를 받았는지 알 수 없으나 건축 자재로 쓴 목재나 건물 규모로 보아서 상당한 액수였을 것은 분명합니다. 아무튼 북옥리 예배당은 3 · 1운동 때 이곳에 내려왔다가 구타를 당한 토마스 선교사의 희생과 고통의 선물인 셈입니다."

그 사이 강경성결교회를 개척했던 정달성 전도사는 1921년 홍산교회로 옮겨 갔고, 후임으로 우원식 전도사가 왔다가 1년 만에 그도 떠났고, 1922년 이인범 전도사가 부임해 왔다. 토마스 감독의 희생적 선물(?)인 북옥리 예배당은 이인범 전도사가 부임한 지 1년 후에 지어지기 시작하여 1924년 9월 21일에 헤인스 감리사 집례로 봉헌예배를 드렸다. 이 예배당을 마련한 후 강경성결교회는 괄목할만한 성장을 이룩하였다. '토마스 사건' 으로 강경성결교회가 지역사회에서 유명해졌기 때문이다. 특히 선교사가 일본 경찰에게 구타당하였다는 사실은 지역 주민들의 교회를 보는 시각을 우호적으로 바꾸어 놓기에 충분했다. 이때부터 기생과 풍류객의 장구 소리와 노랫가락이 들려오던 옥녀봉에서 교인들의 찬송과 기도 소리가 울려 퍼지기 시작했다.

더군다나 1922년 이인범 전도사와 함께 강경교회에 부임한 여전도사가 전국적인 '유명 인사' 였다. 바로 3 · 1운동 직후 전국을 떠들썩하게 만들었던 '애국부인회사건' 의 주역 백신영(白信永)이었다. 부산 출신의 '청춘과부' 였던 백신영은 서울로 올라와 정신여학교를 거쳐 1917년 경성성서학원을 졸업하고 개성성결교회에서 전도사로 사역하다가 3 · 1운동이 일어난 해인 1919년에는 모교인 정신여학교 교사로 봉직하였다. 그녀는 3 · 1운동 직후 상해임시정부 후원과 군자금 모금을 목적으로 동료 교사 김마리아와 함께 비밀결사 대한애국부인회를 조직하여 활약하다가 1919년 11월 조직이 탄로 나면서 체포되었다. 대구까지 압송되어 혹독한 고문을 당하고 1년 선고를 받았으나 고문 후유증으로 1920년 6월에 병

보석으로 석방되었다. 여성의 몸으로 항일 비밀결사를 조직하고 그 '결사대장'으로 활약했던 백신영은 옥중 고문으로 상한 몸을 추스른 후 목회에 복직하여 강경성결교회 전도사로 부임한 것이다. 교사 출신이자 민족운동가였던 백신영은 주일학교의 미래세대 교육에 공을 들였다. 그 결과 강경교회 주일학교는 단연 두드러진 활동을 보였다. 성결교회 기관지 〈활천〉(1923.6)에 실린 기사다.

"강경교회 주일학생들은 성경 읽고 전도하고 기도하기를 매우 열심히 하난 중 매주 토요일에는 한 곳에 모혀 기도회를 하고 남녀 학생이 각각 대를 지어가지고 사방 십 리 동안을 촌촌히 도라다니며 노방전도, 개인전도를 하난대 아해의게 뿐 아니라 어룬의게까지 전도함으로 영향이 크다더라."

주일학교 학생들이 매주 토요일마다 모여 합심 기도한 후 '결사대'처럼 팀을 짜서 인근 각 촌을 다니며 전도하는 모습에서 백신영 전도사의 주일학교 교육의 내용과 성격을 읽을 수 있다. 백신영 전도사의 '독립운동'은 형태만 달리 했을 뿐 여전히 계속되고 있었다. 그의 지도를 받은 주일학교 교사나 학생들의 신앙과 의식이 어떠했을 지는 쉽게 짐작할 수 있다. 새 예배당을 봉헌한 지 한 달 후인 1924년 10월에 일어난 강경교회 주일학교 학생들의 신사참배 거부운동도 그런 배경에서 이해해야 한다.

한국 최초 신사참배 거부운동 발상지

일본인들이 많이 살았던 강경인지라 1924년 이전에 이미 신사(神社)가 세워졌다. 더욱이 일제는 강경 사람들이 자랑스럽게 여기는 유적지이며 3·1운동 만세시위 현장이었던 옥녀봉에 신사를 세웠다. 강경 사람들의 자존심과 민족의식을 고의적으로 훼손시키려는 의도였다. 지금도 옥녀봉에는 그때 만들어졌던 신사 계단 흔적이 남아 있다. 일제 당국은 그렇게 해서 세운 신사에 학교 학생들을 동원하여 참배시켰다. 그런데 다른 학생들은 모두 시키는 대로 참배하였는데 강경성결교회 주일학교에 다니던 학생 60여 명이 참배를 거부한 것이다. 그 배후에는 주일학교 교사 김복희가 있었는데 그녀는 강경공립보통학교 교사이기도 했다. 학생들을 인솔해 신사참배를 해야 할 교사가 학생들과 함께 집단적으로 거부

▲ 강경 옥녀봉 신사 흔적

한 셈이었다.

좀 길지만 이 사건에 대한 〈활천〉(1924.12)의 기사를 인용한다. 그 내용이 깊고 아름답기 때문이다.

"충남 강경교회 신자인 강경공립보통학교 여훈도 김복희 양과 그 교회 주일학교 학생인 강경공립보통학교 남녀 학생 五十七인은 지난 십월 십일 일 강경신사 제일을 당하야 일반 교사와 학생들은 다 경배를 하되 자기들은 헛 신에게 절하는 것이 무리한 미신이며 또한 하나님 압헤 죄 됨을 깨닷고 신앙의 주를 굿게 직히여 절하지 아니하엿더니 그 학교에서는 일대 문제가 되여 절하지 아니한 교사와 학생을 낫낫치 취조하며 만일 잘못되엿다고 항복지 아니하면 교사는 면직하고 학생들은 출학을 식히겠다고 위협을 하되 불복하엿슴으로 총독부에서는 학무국장이 나려가고 충청남도청 학무당국자와 교장이 모혀 협의하엿스나 필경은 면직이나 출학식일 조건을 엇지 못하고 그대로 훗허졋스며 후에 학부형회를 열고 그 학생들을 그 부모의게 맛겨 조정식히려 하엿스나 학부형측에서는 말하되 '나 역시 예수를 믿지 아니함으로 조상의게 제사를 지내는대 나의 아달의게(지금 주일학교에 다니는 아해) 절하라 하되 듯지 아니할 때에 따리기도 하고 밥도 굶겨보고 가진 위협을 다 하되 듯지 아니한 즉 신앙의 자유는 결코 빼앗지 못할 것임으로 이제는 방임(放任)하엿노라. 또한 그늘이 주일학교에 단여서 행위상에라도 불미한 것이 잇다하면 절대로 금할는지 알 수 업스나 사실상 주일학교에 다닌 후로는 행위도 아름다워진 이상에 굿태여 금하고저 아니하노라. 도한 그 아해들이 신사에 절하지 아니한다고 학교 규측이나 행위에 잘못된 것이 업고 오직 절하지 아니한 것뿐으로는 출학식힐 조건도 업고 문제 삼을 것이 업는 줄 생각하노라.' 하엿슴으로 학부형회도 필경은 아모 효력 업시 되고 말랏스며 특별히 여훈도 김복희 양의게 대하야는 권고사직을 식히고저 교장은 말하나

김 양은 '내가 면직은 당할지언정 사직은 아니하겟노라.' 하고 면직을 당하엿다더라."

옥녀봉 길목에 위치한 강경교회 북옥리 예배당은 옥녀봉 정상에 있는 신사와 거리가 멀지 않았다. 그 가까운 거리에 있던 교회의 주일학교 교사와 학생들이 신사참배를 거부했던 것이다. 이 사건으로 결국 김복희는 면직되었고 그를 따랐던 학생들은 퇴학당하였다. 이 사건은 강경과 충청남도뿐 아니라 서울 총독부까지 개입하여 전국적인 사건이 되었다. 민족계열 신문인 〈동아일보〉는 이 사건을 자세히 보도하면서 "일본인 이외의 민족에게 일본인과 같은 정도의 감정을 가지고 신사를 존중하기 바라는 것은 무리다. 더구나 역사적 이해관계가 다를 뿐 아니라 그 신사에 대한 이해가 전혀 없다 해도 과언이 아닌 조선인 아동에게 일본인과 같은 숭배 감정을 가지게 하는 것은 불가능하다."는 내용의 사설(1925.3.18)을 실어 신사참배 강요를 민족적인 감정 문제로 해석, 비판하였다.

이 사건이 외형적으로는 "우상에게 절할 수 없다."는 종교적인 저항운동의 성격이 강하지만 그 내면에는 "조선인으로 일본인의 신을 숭배할 수 없다."는 민족적 저항운동 성격도 포함되어 있었다. 식민지 치하에서 신앙운동과 민족운동이 하나가 되는 예를 여기서 찾아볼 수 있다. 이런 강경교회 주일학교 교사와 학생들의 신사참배 거부운동 배후에는 애국부인회 결사대장 출신 백신영 전도사가 있었음은 물론이다. 사건이 일어났을 때 담임자였던 이인범 전도사는 그해 동막교회로 자리를 옮겼고 백신영 전도사는 1927년 강릉교회로 옮겼다.

감리교 소유로 바뀐 북옥리 예배당

한국교회사에서 최초의 신사참배거부운동으로 기록되는 이 사건으로 강경성결교회는 다시 한번 세인의 주목을 받았다. 이 사건으로 교회를 보는 주민들의 시각이 더욱 우호적으로 바뀌었고 북옥리 예배당은 늘어나는 교인들로 가득 찼다. 그러나 일제말기(1943년) 성결교회는 '사중복음'의 하나로 고백하고 있는 재림 교리 때문에 총독부로부터 해산 명령을 받았다.이로 인해 강경성결교회는 폐쇄되고 교역자와 교인들은 뿔뿔이 흩어졌다. 해방 후 다시 문을 열자 떠났던 교인들이 돌아오면서 교세가 급증하여 전쟁

▲ 강경 일제시대 은행 건물

후에는 3백 명 수준을 기록하였다. 또한 늘어난 교인을 40평 규모의 한옥 예배당으로는 수용할 수 없어 결국 1953년 홍교리에 있던 일제시대 은행건물을 사서 교회를 옮겼다. 그러면서 북옥리 한옥 예배당은 매물로 나오게 되었다. 그것이 여러 단계를 거쳐 감리교회 소유가 되었다. 그 과정 또한 흥미롭다. 현재 북옥감리교회를 담임하고 있는 강덕기 목사의 증언이다.

"성결교회로부터 북옥리 예배당 건물을 처음 산 사람은 천주교 신자였는데 처음엔 그 건물에 공장을 차리려 하였답니다. 그런데 하나님께 예배드리던 성전을 공장으로 사용했다가 하나님의 징계가 내리지는 않을까 하는 두려운 마음에 공장은 차리지 않고 1년 동안 비워 두었는데 윤반인 목사님과 김현구, 김무웅 씨가 힘을 모아 이 건물을 사서 교회를 개척한 것입니다."

윤반인 목사는 함남 북청 출신으로 해방 후 월남해서 1949년 서울신학교를 졸업하고 이듬해 4월 성결교회에서 안수를 받았다. 전쟁 때에는 진주지방에서 목회하였고 수복 후에는 강경으로 올라와 1953년 북옥리 예배당 건물을 확보한 것이다. 처음에는 성결교회를 하려고 했으나 홍교리로 옮겨간 강경성결교회 목회자나 교인들과의 관계 때문에 곤란을 겪다가 결국 감리교회로 적을 옮기기로 하고 북옥교회는 김완균 전도사에게 맡기고 자신은 논산 제2교회를 개척하였다(북옥교회가 감리교회에 정식으로 가입한 것은 1956년 연회 때부터이다). 이로써 유서 깊은 북옥리 한옥 예배당은 감리교 소유가 되었다. 이후 북옥감리교회는 50년 동안 담임자만 22번 바뀔 정도로 목회자 이동이 잦았다. 그러니 교세 성장도 미진하여 현재는 성인 교인 50여 명이 출석하고 있을 정도다. 그러나 이 때문에 한옥 예배당이 헐리지 않고 지금까지 유지되었는지도 모른다.

◀ 강경북옥교회 등록문화재 지정

그렇게 해서 살아남은 북옥리 예배당은 2002년 9월 문화재청으로부터 등록문화재 제42호로 지정을 받아 이제는 헐릴 위험이 사라졌을 뿐 아니라 정부 보조금으로 건물을 전면적으로 수리하여 1924년 처음 지었을 때의 깔끔하고 단아한 면모를 유감없이 보여 주고 있다. 예배당 크기는 전면 4칸, 측면 4칸, 도합 16칸 규모의 정사각형 36평 건물인데 출입문을 좌우편 두 곳에 따로 낸 것은 남녀 출입을 달리하려는 의도이다. 벽면 아래쪽은 붉은 벽돌로, 위쪽은 흰 회벽으로 처리하여 짙은 갈색 나무기둥과 회색 기와지붕 색깔과 잘 어울리는데 워낙 좁은 골목 안에 앞뒤 좌우로 시멘트 양옥집들이 들어서 있어 여유 있게 건물을 감상할 수 있는 공간이 부족한 것이 흠이다. 그래도 3·1운동 때 강경 시민들이 태극기를 흔들며 예배당 앞 이 좁은 골목길을 지나 옥녀봉으로 올라갔을 것이고 바로 그곳에서 토마스 선교사가 일본 경찰에 구타를 당하며 끌려갔을 것이다.

그때의 모습을 그려보며 예배당 안으로 들어갔다. 건물 내부 바

▲ 강경북옥교회 내부 천장

닥에는 마루를 깔았고 북쪽 면 가운데에 강단을 설치하였다. 천장 구조는 들보와 종보, 서까래가 시원하게 드러난 연등천정 구조를 하고 있지만 흔히 볼 수 있는 한옥 건물 구조와 다르다. 육중한 소나무 들보 9개와 서까래를 15개 종보로 세 군데서 받치고 있는데 문외한이 보기에도 아주 복잡하다. 이는 건물이 정사각형 모양인 관계로 무거운 기와지붕을 받치고 있으려면 보통 집보다 훨씬 많은 기둥과 들보, 종보, 서까래를 올려야 했기 때문이다. 북옥리 예배당은 처음부터 종교집회용 건물로 지어져 다른 용도로 사용하기는 적합지 않았다. 또한 총독부에서 나온 보상금으로 지어서 그런지 목재나 골재를 아낀 흔적이 별로 없다. 그래서 60년이 넘었는데

도 아주 튼튼하다.

애물단지가 된 문화재 예배당

이런 유서 깊은 한옥 건물이 지금은 북옥감리교회에 '애물단지' 가 되었다. 22대 담임자로 취임하여 9년째 목회하고 있는 강덕기 목사는 교회 발전을 위해 북옥리 골목을 떠나기로 하고 2년 전 동흥동에 850평 교회 부지를 매입한 후 교회 이전을 추진하고 있는데 문화재로 지정된 건물을 선뜻 사겠다는 임자가 나오지 않는 것이다. 그러고 보니 사정이 딱했다. 백 명도 되지 않는 교인들의 힘으로 새 예배당을 짓기란 힘에 겨운 일이다. 그래서 이 한옥 예배당이라도 팔아서 건축비에 보태려 하는데 뜻대로 되지 않는 것이다. 강덕기 목사는 드러내놓고 말은 하지 않았지만 감리교단 차원에서 이 건물을 매각하여 이전을 지원하거나 아니면 예배당의 옛 주인인 강경성결교회가 다시 이 건물을 사주었으면 하는 눈치였다. 이런 암묵의 메시지를 읽으며, 그리고 이것 하나 지키지 못한다면 한국교회 체면이 말이 아니다는 생각을 하며 홍교리에 있는 강경성결교회로 발걸음을 옮겼다. 그곳 신영춘 목사도 같은 고민을 하고 있었다.

"사실 그 건물은 우리 성결교회에서 다시 사야 마땅하지요. 그런데 우리 교회 형편이 그것을 되살 수 있을 만큼 여유는 없습니다. 역사적으로, 신앙적으로 유서가 깊은 건물인 만큼 교단 차원에서 매입해서 기념관으로 사용하면 제일 좋지요. 제가 이곳에 부임해서 목회하던 중 1924년 우리교회 김복희 집사님과 주일학교 학생들이 신사참배 거부운동을 최초로 시작하였다는 사실을 발견하고 이를 교계에 알리며 기념사업을 시작하였는데 그것도 우리 교인들 힘으로는 하지 못하고 마침 우리 교단의 서울 큰 교회에서 이 사업을 전적으로 지원하여 오는 9월 21일 기념비를 제막하게 되었습니다. 그런 식으로 북옥리 예배당 재매입 운동이 교단적으로 이루어졌으면 좋겠어요."

그러고 보니 교회 마당은 한 달 후에 있을 '신사참배 거부운동 선도지 기념비' 조성공사 때문에 복잡했다. 2년 전부터 성결교단 차원에서 강경성결교회 주일학교 학생들의 신사참배 거부운동을 기념하는 사업이 추진되어 그 결실로 주택 앞마당에 기념 조형물을 만들어 세우게 되었다. 지금 그 작업이 마무리 단계에 접어들고 있었다. 제법 웅장한 규모의 화강암 조각상에는 그때 신사참배를 거부했던 주일학교 교사와 학생들의 모습이 새겨져 있었다. 총부리를 겨눈 일본 경찰들에 둘러싸여 하늘을 향하여 손을 들고 있는 교사와 학생들 모습이 내 눈에는 옥녀봉 전설의 주인공인 선녀들처럼 보였다. 그것은 어쩌면 아름답고 자랑스러운 역사를 지녔음에도 불구하고 그것을 지키지 못하는 못난 후손들 때문에 자기 운명이 어떻게 될지 알 수 없어 하늘을 향해 호소하는 북옥리 한옥 예배당의 모습과도 같았다.

뒷이야기

◎◎강경 북옥리 한옥 예배당 이야기는 두 달 전만 해도 전혀 몰랐던 것이다. 1998년 〈기독교사상〉에 충청도 답사기를 연재할 때도 물론 몰랐다. 그러다가 금년(2006년) 6월 북옥감리교회 강덕기 목사가 교단 기관지 〈기독교세계〉에 한옥 예배당의 딱한 사정을 소개한 글을 접하면서 비로소 강경에 토착 예배당이 남아 있다는 사실을 알았다. 그래서 여름방학을 이용해 강경에 내려가 예배당을 살펴보고 예배당만큼이나 아름답고 애절한 역사를 알게 되었다. 그때는 이미 진흥출판사에 충청도편 답사기 원고를 넘겨 편집과 교정이 끝난 상황이었다. "신학기 초에 책을 내야 판매에 도움이 된다."는 편집자의 하소연에도 "이번에 놓치면 10년 후에 어떻게 될지 모른다."면서 인쇄를 중단시키고 원고를 급하게 써서 책 말미에 넣게 되었다. 역을 출발한 막차를 달려가 세워놓고 올라 탄 느낌이다.

한국 기독교 문화유산을 찾아서 ④

충청도 선비들의 믿음 이야기

초판인쇄 2006년 9월 28일
초판발행 2006년 9월 30일

지은이 이덕주

발행인 박경진
펴낸곳 도서출판 진흥

출판등록 1992년 5월 2일 제 5-311호

주소 (130-812)서울특별시 동대문구 신설동 104-8
전화 영업부 2230-5114, 편집부 2230-5155
팩스 영업부 2230-5115, 편집부 2230-5156

전자우편 publ@jh1004.com
홈페이지 www.jh1004.com

ISBN 89-8114-282-3
값 12,000원